내 안에서 자란 기도

내 안에서 자란 기도

조지영 시집

그림과책

| 시인의 말 |

– 기도처럼, 시처럼–

문득 돌아보니
어느새 내 삶의 한가운데
시가 놓여 있었습니다.
처음에는 누구에게도 말할 수 없었던 마음을
혼자만의 언어로 꺼내어 적었고,
그 마음이 울컥할 때마다
기도하듯 시를 붙들었습니다.

시를 쓰는 동안,
나는 아이의 눈빛을 오래 들여다보았고
작은 들꽃 한 송이,
새벽이슬,
찬 바람 속의 따뜻한 차 한 잔을
그 어느 때보다 귀히 여기게 되었습니다.
삶을 견디는 것이기도 하지만,
그 견딤 속에서 건져 올린 마음은
언제나 '시'가 되어주었습니다.

쓰는 시간보다
버티는 시간이 더 길었고,
버티는 시간보다
기도하는 시간이 더 많았습니다.

이 시집은 그렇게
하루하루 속에서 조금씩 자란 기도의 흔적입니다.

이 시들을 읽어주시는 당신께,
그 따뜻한 시선 하나하나에
진심으로 고개를 숙입니다.
혹여 이 시들이
당신의 마음 한 구석을
조금이나마 위로할 수 있다면,
그것이 제게는 가장 큰 축복입니다.

삶이 시가 되었고,
그 시가 다시 당신에게 닿기를 바라며-

2025년 햇살이 익어가는 가을에…

조 지 영 드림

차 례

4 　시인의 말

1부　기적처럼, 너를 안고

16 　처음 만난 너에게
18 　꽃처럼 피어나길
20 　씨앗의 노래
21 　처음 불린 나의 이름, 엄마
22 　내 안에서 자란 기도
24 　다르다는 말
25 　날려 보내다, 풍선
26 　너의 세상 속으로
27 　엄마라는 이름의 시간
28 　거꾸로 가는 자동차
30 　숨결 하나, 너를 위해
31 　너의 웃음 앞에서
32 　그날, 세상이 무너졌다
34 　살아 있어 줘서 고마워
35 　멈춰진 시간 속에서
36 　네가 기억하는 세상
38 　양말 위의 대화

2부 계절의 숨결을 따라

- 42 톡, 봄이 터진다
- 43 봄!봄!봄!
- 44 꽃피는 봄이 오면
- 45 봄, 비에 젖다
- 46 여름, 봄의 등을 쓰다듬다
- 47 머무는 마음, 떠나는 계절 『틈』
- 48 그늘이 오기 전, 여름을 마신다
- 50 느티나무 아래, 여름
- 52 갈 여름, 문 열음 가을
- 53 가을은 내 곁을 걷는다
- 54 겨울, 붕어빵
- 56 내 안의 겨울나무
- 57 겨울 지나 어느새 봄

3부 사랑, 그리움 그리고 이별

60   사랑보다 더 오래 곁에 있고 싶어
61   그대와 나
62   그대 오는 길
63   풀 내음 짙은 날이면
64   바람의 속삭임
65   우리 사이, 살굿빛
66   유월, 초록빛으로 물든
67   별빛 아래 너를 생각하다
68   물든 흔적
69   기억의 길 위에서
70   가을비, 그대의 그림자
72   그리움이 피는 뜨락
74   별이 울던 밤
75   기다림
76   고래 없는 바다, 너 없는 아침
77   그늘진 꽃잎처럼
78   부치지 못한
79   대답 없는 너
80   비 내리는 카페에서

81 저무는 발자국
82 파도를 보내는 법
84 시간의 강 위에 흐르는 구름은
86 이별, 은행나무처럼
88 그날의 기억은 여전히
89 나 혼자만의 것
90 사모곡

4부 꽃이 말을 걸다

- 94 봄을 깨우는 이름, 복수초
- 95 봄날의 너, 만리화
- 96 목련, 조용한 시작
- 97 봄이 살짝 웃던 날, 홍매화
- 98 나도, 너처럼
- 99 노란 속삭임, 황설리화
- 100 민들레, 봄의 언저리
- 101 꽃잎의 언어
- 102 자줏빛 속삭임
- 103 빗속에 핀 꽃

5부 자연의 숨결 안에서

106 편백나무 숲에서
107 흰구름이 머무는 자리
108 내어주던 나무
110 숲의 속삭임
112 풀꽃 향기 따라
114 바람도 머무는
116 청아한 울림
117 한여름 밤의 콘서트
118 산, 내게 말하다
120 물빛 울음이 지나간 자리
121 금빛 구멍
122 기다림 끝에 오는 너

6부 하루라는 기적

126 감사 1
128 감사 2
129 오후 네 시, 빛에 묶이고
130 쌍화차 한 잔의 기억
132 향기를 마시다
133 골목길에 피어난 웃음꽃
134 찰나의 선물
135 메주 익는 시간
136 멈추었을 때, 비로소
137 문득, 뚝배기처럼
138 천천히 익어가는
140 나도, 가을처럼
141 달빛을 품은 누름돌
142 발
143 집게
144 맨발로 걷는 아침
145 파도가 물러간 자리
146 맨발의 청춘
148 소풍의 끝에서

150 푸른 강에 띄우다
152 나는 행복합니다
153 다시 그리고 시작
154 다시 피어나는 나
155 오래된 향, 오래된 마음
156 1980, 꽃이 피기까지
158 구름처럼
160 내 마음속의 얼룩
161 물 위의 그림자
162 어머니를 닮아가는 얼굴

164 작가 에세이
166 해설

1부 기적처럼, 너를 안고

"너를 만나, 삶은 기도가 되었다."

처음 불러 본 '엄마'라는 이름

말보다 눈빛으로 전해지는 사랑

어느 날 내게 다가온 너는

세상 가장 따뜻한 기적이 되었다

이 작은 생을 통해 나는 날마다 다시 태어난다

처음 만난 너에게

한 줌의 숨결로 시작된 기다림
열 달의 바람을 껴안고
내 몸은 작은 우주가 되었지

수없는 밤을 헤매던 진통
벼랑 끝을 오가는 고통 속에서도
나는 단 하나를 생각했어
너

몸을 찢는 고요한 울부짖음 끝에
마침내 들려온
너의 첫 울음

그순간,
시간도 숨을 멈추었고
세상은 너 하나로 환해졌어

작디작은 손
오므린 주먹 하나에도
나는 우주보다 큰 사랑을 담아

아가야,
너를 처음 본 그 찰나
고통은 눈물로 씻겨 나가고
가슴엔 벅찬 노래가 피어났어

너는 고통의 끝,
기적의 시작이야.

꽃처럼 피어나길

나는 안다
말 한마디 없는
너의 마음을

커다란 두 눈으로
세상을 말하는 너를
엄마라는 이름으로 읽는다

'배고파요'
'졸려요'
'안아줘요'
네 눈빛은 매일
작은 우주가 되어
내게 다가온다

그래도 나는 기다린다
그 눈빛이 아닌,
입술로 여는 세상의 소리-

'엄마'

그 한마디 듣고 싶어
살짝 너를 꼬집어보기도 해
혹시 놀라
소리라도 낼까 봐

울음이라도 괜찮아
너의 목소리라면
무엇이든

눈빛만으로도
넌 충분히 아름다운데
엄마는 오늘도 기도한다

'엄마'

그 말이
세상에
꽃처럼 피어나길.

씨앗의 노래

내 안에 작은 숨결 하나
바람도 알지 못한 그 고요 속에
심겨진 씨앗이 움트고 있어요

아직 이름도, 얼굴도 모르는 너
하지만 너의 존재만으로
내 하루는 봄처럼 따뜻해졌지요

심장은 두 개가 되어
서른 다른 박동으로 노래하고
내 몸은 너의 요람이 되어
세상 가장 부드러운 집이 되었어요

가끔은 두려움이 밀려와
눈물처럼 고요히 흐르지만
너의 작은 움직임 하나에
모든 걱정이 꽃처럼 피어 사라지지요

처음 불린 나의 이름, 엄마

그날,
너의 작은 입술에서
피어오른 첫 소리–

'엄마'

세상이 숨을 멈췄다
내 심장도, 눈물도
그 이름 앞에 무릎을 꿇었다

바람보다 먼저 와 닿은
한 송이 꽃잎 같은 음성
그 한마디에
내 안의 모든 것이 열렸다

어둠은 사라지고
세상이 빛을 배웠다
나는
그 순간을 안고
영원을 살아간다

내 안에서 자란 기도

수많은 아이들 가운데
왜 너였을까
왜 하필,
내 품에 안긴 너였을까

어느 날
낯선 말 하나가
창처럼 소리도 없이
내 마음 깊은 곳을
찢고 지나갔어

처음엔 믿지 않았어
그럴 리 없다고
잘못 들은 거라고
억지로 눈을 감았어

그러다
작은 떨림 하나에도
눈물이 쏟아졌지
살면서 처음으로
하늘을 미워했어

왜 내 아이냐고
왜,
왜 너여야 했냐고

울음을 삼키는 건
내 마음을 접는 일이었어
아무도 모르게
한 겹, 또 한 겹
스스로를 꿰매며
나는 버텼어

지푸라기라도 잡고 싶은 마음이
어느새 기도가 되어
내 안에서 자라고 있었어

내가 부서져
먼지처럼 흩어질지라도
너의 아픔을
한 줌이라도 덜어낼 수 있다면
나는…

다르다는 말

처음 그 말은
바늘처럼 꽂혔다
누군가
꽃잎이 어긋났다고
속삭이듯 말할 때
나는
내 마음 가장 연한 곳에서
가슴이 찢어지는 소리를 들었다
햇살도
바람도
조금씩 비켜가던 날들
하지만
너는 말없이 웃고
내 손을 꼭 잡아주었다
그제야 알았다
어긋난 것이 아니라
다른 방향으로 피어난
너만의 계절임을
이젠 안다
그 말은 상처가 아니라
너를 지키는 다른 이름이었다

날려 보내다, 풍선

곧 폭발할 엔진처럼 시뻘건 얼굴로
거친 숨 몰아쉬며 달려든다
맹수의 울부짖음처럼
알아들을 수 없는 괴성을 질러댄다
나는 한참을,
그렇게 또 한참을
멈출 줄 모르는 화마를 붙잡고
등을 어루만지며
펄떡이는 심장 소리를
내 가슴으로 토닥거린다
눈물 속 검은 눈동자에 담긴
말 없는 이야기를 읽어주고
상처의 고통을 함께 견디며
한껏 부풀어
터질 듯한 아이의 가슴 속에
빨간 풍선 하나
행여나 터질까
조심조심
천 천 히,
아 주 천 천 히
날려 보낸다, 푸른 하늘로

너의 세상 속으로

침묵 속에 숨은
너의 소리를
나는 조용히 듣는다

커다란 눈망울,
흔들리는 너의 마음을
밤하늘 별 헤아리듯 바라보며

바람결에 흩어진 너를
내 품으로
살며시 모아 안는다

말보다 먼저 닿는
엄마라는 손길로
나는 너의 세상 속으로
살며시 스며든다

엄마라는 이름의 시간

스물다섯 해
너를 따라다닌 낡은 그림자 하나
삐그덕, 삐그덕
그 안에서 울리는 너의 말
"양말은 누가 사줬어?"
반복되는 그 물음에
나는 오늘도 웃으며 같은 대답을 건넨다
하지만 그때마다
내 마음 어딘가 하루치씩 무너진다
"양말은 누가 사줬어?"
반복되는 그 말에
나는 천 번을 견디고 천 한번째에서
무너지지 않기 위해 조용히 숨을 참는다
너의 시간은 멈춰 있고
엄마의 시간만 흘러간다
언제부턴가 눈물도 말라버려
그저 침묵이 가장 깊은 언어가 되었다
무르익은 가을처럼
외로움으로 하루를 채우며
나는 오늘도 네 곁에서
조용히 결코 무너지지 않는다

거꾸로 가는 자동차

드르릭퉤! 드르릭퉤!
조용한 방 안에
장난감 자동차 굴러가는 소리

드르릭퉤! 드르릭퉤!
방바닥에 납작 엎드려
자동차 바퀴만 바라보는 커다란 눈망울

드르릭퉤! 드르릭퉤!
"엄마, 이거 뭐야?"
"우리 아들이 제일 좋아하는 자동차"

"엄마, 이거 뭐야?"
아이는 재미있다는 입을 씰룩거리며
똑같은 말만 계속한다

그러면
엄마는 재미없다는 듯
하지만 따뜻한 목소리로
아이가 듣고 싶어하는
똑같은 대답을 해준다

하루 종일 방바닥에 누워
고사리 같은 손으로
자동차 바퀴를 굴리는
스물세 살, 우리 아이

오늘밤
꿈속에선 앞을 향해
신나게 달리겠지

뛰뛰빵빵!
뛰뛰빵빵!

숨결 하나, 너를 위해

작은 숨결 하나에도
나는 세상의 모든 소리를 멈춘다

어둠이 내린 방 안
가만히 귀 기울이면
너의 들숨, 날숨
그 안에 깃든 별 하나가 반짝인다

말 대신 눈빛으로 건네는 하루
천천히, 아주 천천히
너는 너만의 리듬으로 나를 부른다

나는 기다린다
조금 느린 너의 걸음이 빛을 따라올 때까지
내 온 마음의 촉각으로 너를 안고

언젠가 바람이 네 이름을 부르듯
너의 입술에도 새벽이 맺히기를

너의 숨결 하나,
그것이면 나는 충분하다

너의 웃음 앞에서

하루에도 몇 번씩
넌 엉엉 울며 땅바닥에 드러눕고
물컵 하나에도 억지를 부린다

나는 숨을 고르고
마음을 꾹꾹 누르며
겨우 하루를 건너는데
그러다 문득
네가 나를 올려다본다

순도 백 퍼센트의 맑은 눈빛으로
아무 일도 없었다는 듯 활짝 웃는다

그 웃음 앞에서
내 마음은
봄날 눈처럼 소리 없이 녹아내린다

조금 전의 고단함은 기억조차 나지 않고
나는 또
너의 세상에
다시 두 발을 담근다

그날, 세상이 무너졌다

잠깐이었어
정말, 한순간 눈길을 거둔 사이
너는 공기처럼 사라졌지

닫힌 문, 굳게 잠긴 창
이 방엔 네가 없어
바람도 없는 날인데

발소리 하나, 그림자 하나에도
심장이 덜컥, 덜컥
세상이 내 안에서 무너져 내린다

이름을 부르고 또 부르며
불안이 발목을 끌고
죄책이 등을 떠민다

혹시 어디서 넘어졌을까
차가 달려오진 않았을까
낯선 사람이, 혹시 너를…
그 상상들이 나를 찢고 간다

저 언덕 너머 어딘가
내 두려움이 먼저 달려가고
강가도, 골목도, 없는 기억마저 헤맨다

숨이 타고, 시간은 나를 삼키고
나는 지금
울지도 못한 채, 기도만 삼킨다

제발, 어디쯤이니
단 한 번만 내 품으로 돌아와 줘
세상이 무너져도, 너만 있다면
다시 견딜 수 있으니

살아 있어 줘서 고마워

너를 찾은 그 순간
나는 무너진 채로 숨을 들이켰다

얼굴도 헝클어지고
신발도 엉뚱한 짝인데
너는 아무 일 없다는 듯
햇살을 들고 나를 보았지

나는 울지도 못하고
그저 너를 안았다
살아서 내 품에 돌아온 너를
심장이 먼저 알아봤다

온 세상이 정지된 줄 알았는데
네 온기가 내 손끝을 녹이고
네 냄새가 다시 나를 숨 쉬게 했다

고맙다 살아 있어줘서,
너를 다시 안을 수 있어서
내가 널 놓친 만큼
더 단단히 안을 수 있어서

멈춰진 시간 속에서

스물일곱 해가 흘렀지만
너는 아직 다섯 살 아이의 세상에 머문다

말은 쉽지 않아도
순수한 눈빛 하나로
천 마디 말보다 더 많은 이야기를 건넨다

더 이상 자라지 않는 몸짓에
가끔은 슬픔이 묻어나지만

나는 알아
그 멈춘 시간 속에도
너는 온전히
여기 살아 있다는 것을

계절이 변해도 너의 마음은 늘
순수한 봄날처럼 꽃피고 있다

세상이 달라져도 내 사랑은 변함없어
그 자리에 조용히 앉아 너를 품는다

네가 기억하는 세상

아파트 단지로 들어오는
유치원 버스 소리에
너는 눈빛이 달라진다

엔진 소리만 듣고
어느 유치원 버스인지
정확히 말한다

한 번도 가 본 적 없는 서울
그 복잡한 지하철 노선을
너는 머릿속에 그려 넣었고

시내버스들도
몇 번, 어디를 도는지
내가 묻기도 전에
너는 답했다

그렇게 넌 세상을
귀로, 눈으로, 마음으로 외웠다

그런데 세상은
네 마음을 외워주지 않았다
네 안의 우주를
알아주는 법을 배우지 못했다

나는 너를
하루하루 품에 안고
그런 세상으로부터
너를 살며시 감싸주는 것밖에
할 수 없었다

그래도 알아
너는 오늘도
엔진 소리로
세상을 기억하고 있다는 걸

나는 기도처럼 안다
그 모든 기억이
너만의 언어라는 것을

양말 위의 대화

캐릭터가 있는 양말을 신으면
너는 오늘도 묻는다

"엄마, 양말 누가 사줬어?"
"엄마가"
"노는 거야?"
"그냥 그림이야"
"어디서 샀어?"
"속옷 가게"

익숙한 이 대화가
너의 하루를 시작하고
나의 인내를 시험하고
우리를 또 이어준다

때론 웃고
때론 속으로 울고
때론 아무 대답 없이
그저 네 눈을 바라본다

그 말들을
열일곱 해 넘게 들었나
어느 날 문득
그 질문들이
기도처럼 들렸다

세상은 바뀌고
네 양말은 해져가는데도
우리의 대화는
어제 그대로

그 변하지 않는 대화 속에서
나는 오늘도
작은 기적 하나를
신는다

2부 계절의 숨결을 따라

"시간이 흐를수록 마음에 스며드는 계절의 언어."

봄, 여름, 가을, 겨울
계절은 조용히 와서 마음을 흔들고
흩날리는 꽃잎과 바람결 속에서
삶의 작은 깨달음을 속삭인다
계절을 따라 나도 조금씩 변해간다

톡, 봄이 터진다

봄은 겨울도 모르게
조용히 스며든다

나뭇가지 끝
딱딱한 껍질을 뚫고
진달래 꽃망울 다칠세라
새 가지는 살며시 숨을 뻗는다

겨우내 구겨진 마음 위로
한 줄기 봄비 내려
가슴 뜨락을 말없이 씻어내고

단단한 돌멩이 품은 흙더미 속
어린 순, 조심스레 고개를 들고
창가엔 벌써
연둣빛 향기 가득 차오른다

아–
톡! 톡!
여기저기 꽃망울 터지는 소리
내 마음도 살며시 피어난다

봄!봄!봄!

쑥이
쑥 쑥 올라온다
쑥부쟁이도
덩달아 쑥 쑥 올라온다
냉이도
냉큼 따라 올라온다
달래도
줄래달래 따라 올라온다

나물캐는 봄처녀
바구니에 봄내음 물씬 올라오고
울아버지 밥상에도
초록빛 봄! 봄!이 올라오고
내고향 들판에도
너울너울 아지랑이, 봄빛따라 올라온다

꽃피는 봄이 오면

세상은 온통 꽃밭,
햇살은 웃고 바람은 노래해

긴 겨울을 지나
내 마음에도
드디어
꽃피는 봄이 찾아왔어

새들의 날갯짓에
햇살은 춤추고
세상은 봄빛으로 물들었어

이제는 괜찮아
어느새 나도
봄처럼 다시 피어나고 있으니까

봄, 비에 젖다

분홍빛은 사라지고
하얗게 창백해진 너의 얼굴

손 시린 바람 속에서도
아직 설익은 햇살 아래서도
수줍게 미소 짓는 너

잦은 봄비에 옷깃은 젖고
마르기도 전에 또 젖어버리는 하루들
너의 눈물은 이슬방울처럼 맺혀
아파도, 아파도
온 마음 다해
봄을 마중 나와줘서

정말 고마워
그래서 더 반가워

조심스레 내민 내 손에도
봄이 살며시 내려앉아어

여름, 봄의 등을 쓰다듬다

살랑살랑
연둣빛 숨결이 스미는 봄의 울타리에
살금살금
초록 손끝으로 말을 거는 넝쿨장미의 속삭임

조용히 하나 되어
울타리는 묵묵한 버팀목이 되고
넝쿨장미는 떨리는 마음으로 매달려 안긴다

팔랑팔랑
호랑나비의 날갯짓에
꽃몽우리는 눈을 뜨고
햇살의 뜨거운 시선 아래
붉게 물든 수줍음은
울타리를 타고 번진다

하얗게 꽃비 내리던 날
자리를 내어준 봄-
첫사랑처럼 아련했던 그 계절과의 이별에
여름은 짙푸른 웃음으로
고요히 등을 쓸어준다

머무는 마음, 떠나는 계절 『틈』

떠나기 아쉬워
겨우내 머물렀던 자리에서
뭉기적 뭉기적
말없이 머뭇거리는 그림자 하나
헤어짐 서글퍼
따스한 볕 끝자락 밀어내며
흐느적 흐느적
긴 숨처럼 느릿한 오후가 지나간다
떠나는 봄바람 얄미워
겨울이 날리는 마지막 한 방
으스스 으스스
기억처럼 매달린 눈송이 몇 점
창틈에 흔들린다
한철 머물렀던 고요,
이제는 떠나야 한다며
봄이 등을 떠민다
나는 문턱에 선 채
차마 돌아서지 못한다
틈, 그 짧은 사이에서
나는 계절보다 느리게
그리움을 건너고 있다

그늘이 오기 전, 여름을 마신다

그이가
버드나무 짙은 수염 아래
그늘을 드리우기 전에
나는 간다

짙은 녹빛,
고요 속에 갈라진 적막 사이로
노랑, 주황 아기꽃들이
손톱만 한 여린 진심을
여름 하늘에 힘껏 내민다

수줍은 봄날을 뒤로한
벚나무들의 푸른 성숙함이
조용히 내 어깨 위에 내려앉고

얼굴 가린 그네들의
설움 담긴 노랫소리에
발끝마저 조심스러워
신을 벗는다

온전히 나체가 된 나의 발가락
향긋한 잔디의 생명수를 머금고
서서히 해갈된다

해초 같은 연둣빛 사이로
얼굴 내민 연분홍 코스모스,
때 이른 인사에 얼굴 붉히고

새들의 노래가
싱그러운 녹음을 섞어
허파 가득 아침을 채운다

그리고 문득

그이가 곁에 와
배롱나무를 톡 건드리면
진분홍 여름이
와르르 금빛으로 흩어진다

느티나무 아래, 여름

여름 햇살에 지친 어깨가
슬며시 고개를 떨구면
느티나무는
긴 팔을 쭉 뻗어
초록빛 그림자 속으로 나를 안아준다

서늘한 바람이 잎사귀 틈을 스치면
쭉쭉 뻗은 가지 사이
숨바꼭질하는 작은 새들의 속삭임
사그락이는 잎새 소리에
잠시 멈춘 내 발끝에도
고요한 웃음이 내려앉는다

뜨겁게 달궈진 햇살 사이로
짙어진 초록 향기 퍼지고
해맑은 소녀들의 웃음소리가
졸린 고양이의 단잠을 스치듯 지나간다

시간이 흐르고
햇살이 작아지면
느티나무의 그림자도 살짝 몸을 웅크리고

그 아래 남은 잎사귀의 숨결은
바람보다 먼저 계절을 안다

언제나 그 자리에,
말없이 서 있는
오래된 느티나무 한 그루
그 그늘에서 나는
여름을 배우고
조용히, 마음을 쉰다

갈 여름, 문 열음 가을

사그락 사그락
싱그러움 입 안 가득 머금은 여름이
바람에 흔들린다

톡
톡
토도독
초록잎들이 우는 소리일까?
바람이 우는 소리일까?

여름이의 발바닥에
싱싱함을 빼앗긴 누런 설움들이
뚜욱 뚝 떨어져 있다

어느새
가을이 듬성 듬성

가을은 내 곁을 걷는다

벚나무 잎,
하나둘 가을빛 물들어
바람결 따라 붉은 속삭임으로 흩어진다
사색에 잠긴 여인의 등을
조용히 감싸는 가을 햇살-
그리움처럼 따스하고 부드럽다
낙엽을 줍는 손등 위로
옅은 바람이 스치듯 지나가고
잠시 멈춘 시선은
기억의 어느 골목을 더듬는다
짙어지는 가을의 향기
발자국 소리 따라 묵묵히 뒤따르며
속삭이듯, 스며들 듯
하루하루 마음을 적셔간다
나무 그림자 길어진 오후
잠시 숨 고르고 앉아 있으면
바람 사이로 들려오는
지난날의 웃음과 눈물
가을은 그렇게 그리움 하나 곁에 앉히고
느리게, 아주 천천히
내 마음속을 함께 걷는다

겨울, 붕어빵

찬바람이 옷깃을 여미게 하는 날
버스 정류장 앞
풀빵 냄새가 바람을 타고 흘러온다

노부부가 함께 굽는
작고 반짝이는 황금붕어빵
은근한 미소와 덤 하나 얹어
따뜻함을 건네준다

머리부터 먹을까, 꼬리부터 먹을까
작은 고민도 즐거운 겨울의 의식
갓 구워낸 붕어빵 속
달큰한 팥앙금이
어린 마음처럼 뜨겁다

입천장 살짝 데어가면서도
자꾸 손이 가는 맛
그 속에 숨은 건
추억일지도 모른다

어느 겨울 저녁

아버지의 외투 속에서
조심스레 꺼내던 붕어빵
김 서린 봉지 너머로 전해지던
그 말 없는 사랑

지금도 겨울이면
그 따뜻한 냄새가
먼 기억을 데워
내 안을 포근히 채운다

내 안의 겨울나무

나 홀로 찾은 작은 카페
진한 헤이즐넛 향에 스며든
느린 재즈 선율

네모난 유리창 너머
헐벗은 겨울나무 하나
가볍게 떨리고, 휘청인다

지나가던 구름이
그 가지 위에 내려앉아
조용히 감싸주자

풍성한 구름나무가 되고
도톰한 솜옷 입은 솜나무가 되고
외롭지 말라며
달콤한 솜사탕나무가 된다

어느새 비워진 커피잔
그 밑바닥엔
내 안의 겨울나무가
소리 없이 흔들리고 있다

겨울 지나 어느새 봄

따스한 온기 내어주는 꽃길 사이로
아장아장 작은 걸음으로
봄이 걷는다

발끝부터 머리까지 끌어당겨
끝내 움틔우는 여린 꽃망울
봄을 기다려온 시간들이
숨결처럼 피어난다

나뭇가지 끝마다
설레는 초록이 인사하고
창문을 톡톡 두드리는 바람에도
햇살은 부드럽게 실려 온다

겨울 내내 꼭꼭 닫아두었던 마음도
어느새 슬며시 열리고
작은 웃음 하나가 조용히 피어오른다

봄은 그렇게, 말없이 다가와
우리 안에
또 하나의 시작을 심는다.

3부 사랑, 그리움 그리고 이별

"사랑은 마음을 열게 하고,
그리움은 시간을 멈추게 하며,
이별은 끝내 나를 성장하게 한다."

사랑했던 순간들은
언제나 찬란하게 빛나고
그리움은 그 빛을 오래도록 간직하게 한다
이별은 모든 것을 데려가는 듯하지만
결국 우리 안에
더 깊은 사랑의 모양을 남긴다

사랑보다 더 오래 곁에 있고 싶어

첫눈에 그만, 마음이 흔들렸어
숨조차 고르기 어려울 만큼
너라는 존재는
세상의 배경을 바꿔 놓았지

모든 게 너로 인해 빛났어
너의 아우라는
햇살보다 눈부셨고
목소리는
마음을 잠재우는 노래였지

그 따뜻함에 자꾸 기대고 싶었고
네가 내 손을 잡던 순간
심장은 온 세상을 안은 듯 뛰었어

그래서였을까
나는 너를 사랑이 아닌
우정으로 남기기로 했어
뜨겁지 않더라도
조금 더 오래,
곁에 있고 싶어서

그대와 나

햇살같이 소복이 닿고 싶어도
차마 내려앉을 수 없는
그대와 나

옹송그린 그대의 등조차 데울 수 없어
그림자조차 떨구던
나와 그대

바람 앞 숨죽여 나부끼는 갈대인 양
허적이는 네 모습 마주하기 싫어
눈을 감던 우리

그러나
아침이슬 날카로이 파고들 적
새벽향 속에 어린 그댈 봅니다

그는
내 지난한 삶을 붙든 이유요,
기약 없이 잎사귀를 세이는 이유입니다

그대 오는 길

물끄러미 텅 빈 들판을 바라보며
바람만이 다녀간 자리를
가만히 쓸어내렸다

아무도 오지 않을 것 같던 계절
잊힌 듯 메마른 하늘 아래
작은 기도처럼 그의 이름 불러보았지
그리움이 쌓여 이슬 되고
기다림이 깊어 구름 되어
드디어,
그대는 빗방울 되어 내려왔다

처음 닿은 그대의 온기
굳은 땅이 숨을 쉬고
말라붙은 마음 끝에도
연둣빛 싹이 트기 시작했지
그대 오는 길엔
세상의 모든 침묵이
조용히 길을 열어 주었고
나는 마침내
피어나는 사람 하나가 되었네

물 내음 짙은 날이면

비가 오는 날이면
나의 하루는 그리움으로 젖고

유리창에 부딪히는 빗물은
흐릿한 기억들을 차마 지우지 못해
방울방울 맺히고

빗물에 옷이 젖듯
그리움으로 젖은 내 마음의 창은
서러움으로 하얗게 얼룩지고

톡!
톡!
토도톡!

부드러운 목소리,
따뜻했던 눈빛,
문득문득… 가슴을 두드리고

내일도, 모레도 비가 온다는데
마를 새 없는 내 그리움

바람의 속삭임

오늘도 바람이 불었어요
당신이 떠난 그 길을 따라
천천히, 아주 천천히 스치듯 다가와
내 귓가에 조용히 말하네요

"그 사람, 잘 지내고 있나요?"

바람은 어쩐지
당신의 손길 같고
당신의 목소리처럼
내 마음을 흔들다 가버려요

그래도 괜찮아요
이렇게라도 당신을 느낄 수 있다면
바람이 머물던 이 자리,
그저 고맙기만 하니까요

우리 사이, 살굿빛

너랑 나는
눈빛만 봐도 웃음이 터지는 사이야
말은 없어도
맘이 먼저 손을 잡는 그런 친구
햇살이 부서지는 오후,
같은 노트를 펴놓고
서로의 낙서를 귀엽다며 웃던 기억
아직도 마음속에 살랑거려
너랑 걷는 골목길은 늘 이야기가 꽃피고
그 웃음들 덕분에
내 하루는 조금 더 반짝였어
작은 오해에 잠깐 멀어져도
결국 다시 만나게 되는 이유
우리가 서로를 진심으로 아끼기 때문이겠지
나는 너의 조용한 슬픔까지
조용히 안아줄 수 있는 친구이고 싶어
계절이 바뀌어도
우린 여전히 손 꼭 잡고
같은 방향을 바라보면 좋겠다
언제까지나 우리 우정이 살굿빛처럼
포근하고 예쁘게 익어가기를

유월, 초록빛으로 물든

내 아픔이 시가 되어
고요히 노래를 부른다면

내 슬픔이 고운 거름이 되어
어느 날 꽃을 피운다면

당신은
그 꽃잎에 입 맞추며
내 아픔에 달콤한 위로를 건네겠지

내 눈물이 별빛이 되어
밤하늘을 수놓는다면

당신은
그 별을 바라보며
나의 고요한 이별을 느끼겠지

그리고
내 맑은 가슴엔
당신의 초록빛 향기가
은은히 스며들겠지

별빛 아래 너를 생각하다

조용한 밤이면
별 하나, 둘
하늘에 조심스레 불이 들어옵니다

그 사이로
나는 너를 불러보지요

너 없는 이 자리에도
어김없이 빛나는 별들처럼
너는 내 기억 속에
작고 따스한 온기가 되어
조용히 반짝입니다

멀리 있어도
닿을 듯 가까운 별빛처럼
네 이름을 떠올리기만 해도
내 마음 어디쯤
은은한 빛이 스며듭니다

물든 흔적

달빛이 부서져
노란 그리움이 번진다
별빛이 쏟아져
파란 서글픔이 스민다

그리운 님의 미소는
내 가슴 뜨락에
연분홍 꽃물처럼 번져들고

이른 아침
아기 햇살에 바래질까 두려운
밤새 물든 당신의 흔적

가슴 깊은 곳
멀갛게 물든
지울 수 없는
그 따뜻한 기억

기억의 길 위에서

축축한 어둠을 걷다
살며시 창을 열면
빗소리, 온몸에 스며들어
가슴속 깊은 그리움을 적신다

가느다란 물빛 틈새마다
희미한 기억 한 조각씩 껴넣으며
십리 길, 한 걸음 한 걸음
흰 비늘 같은 빗줄기에
추억 하나 걸려든다

어느덧
옅어진 어둠은 산등성이 너머로 흘러가고
풀잎 끝엔 새벽 머금은
이슬방울, 또옥똑-
나의 아침을 조용히 깨운다

창밖 너머
솔잎향 입은 햇살 하나
수줍게 창틈을 열고 들어온다

가을비, 그대의 그림자

살갗을 적시는 바람이
조용히 마음을 덮습니다
검은 먹구름, 오래된 이름처럼 다가옵니다

비릿한 물내음
그대 떠난 날의 공기 같아
톡…또도독…톡…
기억이 창문을 두드립니다

낡아가는 가을은
지친 시간처럼 허물어지고
툭…투두둑…툭…
그대 목소리, 끝내 닿지 못한 말처럼 흩어집니다

유리창에 맺힌 물방울마다
그대의 그림자가 내려앉고
똑…또도독…똑…
그리움이, 아무렇지도 않게 내게 말을 겁니다

아…
나는 오늘도

그대를 닮은 고요에 잠기고
더 많이 잊지 못하기 위해
더 깊이, 나 자신에게 젖어갑니다

그리움이 피는 뜨락

가슴 한켠,
세월 속에 조용히 묻어둔
낡은 뜰 하나 있었습니다

말갛던 날들
그 안에 차곡차곡 쌓여만 간
이름조차 붙이지 못한 그리움들
들여다보는 것이 두려워
문을 걸어 잠그고
긴 시간, 외면만 했지요

그러던 오늘
햇살이 유난히 따사로운 봄날
굳게 닫아두었던 마음의 빗장을
조심스레 열어봅니다

먼지 낀 기억들이
빛에 닿자 스르르 깨어나고
한 귀퉁이에 꼭 숨겨두었던
이 빠진 그릇 같은 마음들―

버리지 못한 사랑
비워내지 못한 말들
하나둘 꺼내어 놓습니다

그리움은 그렇게
겹겹이 쌓인 시간의 더께를 타고
가슴 끝에서 피어납니다

창가로 스며든 봄꽃 향기 따라
내 안의 낡은 뜰에도
라일락 향이 번지고

텅 빈 마음마저
조용한 향기로 가득 차오릅니다

그리움은 이렇게 피어나네요
낡은 집 뒤안길을 적시고
내 마음 구석구석 스며들어
마침내,
내 뜰엔 그리움으로 가득한
봄이 머뭅니다

별이 울던 밤

고통의 밤은
녹슨 창 끝으로 스며들어
부드러운 속살까지 조용히 찔러댄다
그리고 밤하늘의 별빛마저
그 찬란함을 앗아가 버린다

아픈 밤은 수만 볼트의 전류처럼
머리 양쪽을 찌릿하게 쏘아올린다
머리칼은 하늘을 향해 솟구치고
시간은 앞이 보이지 않는 가시덤불 속을
맨발로 천천히 헤매듯 걸어간다

고통의 밤은 통곡하고
아픔의 밤은 절규한다
신음에 젖는 달빛 머무는 그 자리에
조용히 속삭이듯
"여린 새싹아, 이 어둠을 딛고 피어나라"

그리고 허파를 찢을 듯 푸른 어둠은 몸부림치며
소리 없는 이슬로
말라버린 대지를 적셔간다

기다림

밥을 차려둔 지가 언젠데
왜 이렇게 늦는 거니

갓 지은 밥은 식어가고
저무는 해는 육개장 위로
툭-
그림자처럼 떨어지는데

너는
숟가락조차 들지 않는구나

네가 오지 않는 이유를
수백 가지나 헤아려보다
문득,
아-
너는
가슴 찢기어 날아가 버렸구나

바람에 흩날리는 잎자락마다
핏빛 석양이 스며들고
내 마음도 붉게 젖어든다

고래 없는 바다, 너 없는 아침

달빛도
별빛마저도 사라진
깊고 짙은 어둠이
내 가슴 속으로 조용히 스며든다

감춰두려 했던
아니,
잊고 싶었던 너의 기억이
소리 없는 울음으로 피어나
고요한 새벽을 아프게 깨운다

어제와 닮은 오늘의 아침,
하지만
너 없는,
돌이킬 수 없는 고독만이 머문다

그리고
그 바다엔
이제 더 이상
고래의 노래도
따스한 숨결도 들리지 않는다

그늘진 꽃잎처럼

너는 말없이 물들다
서서히 스며 들다 나를 떠났지
햇살 한 줌에도
네 그림자가 아련히 떨리던 날들

내 마음은 아직도
너의 이름을 속삭이며
잎새 끝에 맺힌
이슬처럼 자꾸만 흘러내려

사랑이란,
피어나던 순간보다
스러지는 순간이 더 아름다워서
나는 조용히 눈을 감는다

너의 발자국이 사라진 자리에
나는 작은 들꽃이 되어
다시는 피지 않을 계절을
하염없이 기다릴 뿐

부치지 못한

그대는 가을의 우편함 같았지요
노랗게 물든 잎마다
내가 다 쓰지 못한 편지들이 숨어 있었어요

떨군 숨결 위로
나는 조심스레 걷다
그대 이름 같은 열매를 밟고 말았지요
툭, 하고 터진 건
익은 그리움인지
말하지 못한 지난 계절인지

입 안에 맴도는 옛 키스는
아직도 그 앞 끝에 매달려
바람이 불면
내게로 쓸쓸히 붙들립니다

이제야 부치려해요
그대에게, 아니
그대였던 시간에게

대답 없는 너

빠알갛게 물든 단풍 위로
너라는 그리움이 스며든다
짙어질수록 아름다웠고
아름다울수록 더 아팠던 흔적

믿음이 깊었던 만큼
스며든 원망도 낙엽처럼 쌓이고
가을 저녁의 서늘한 바람처럼
가슴 어귀를 서걱이며 지난다

내 고요한 외로움이
한 줄기 바람 되어 너를 부르면
돌아오지 않는 너의 대답은
푸르른 하늘 끝 어딘가
메아리도 남기지 못한 채
허공 속으로 사라진다

이제, 너 없는 계절은
잊는 일이 아니라
매일같이 너를 견뎌내는 일

비 내리는 카페에서

커피잔이 비워질수록
내 그리움은 채워지고

카페 스피커에서
볼륨이 살짝 올라갈수록
내 마음은 점점
너 하나로 가득해져

잊혔다 믿었던 기억 저편
희미한 발자국
그림자처럼 다시 떠오르고

어느새
창밖 유리창 너머
빗방울이 또로록-
무심히 흘러내릴 때

조용히 식어버린
슬픈 추억 하나
아직,
그 자리에 그대로

저무는 발자국

바람은 오늘따라
너의 목소리를 닮았고
햇살은 눈을 감은 듯
우리 추억 위로 흩어졌네

너의 뒷모습은
가을 저녁의 그림자처럼
점점 작아지고
말없이도 모든 안녕을 담았지

네 마음의 문을 조용히 닫고 나간 사랑
그 틈으로 스며드는
그리움이 아직 젖어 있다

차마 묻지 못한 말들
입술 끝에 맺혔다가
바람 따라 흩어진다

다시는 돌아오지 않을 계절이여,
너를 보내는 이 마음마저
이제는 너에게 닿지 않으리

파도를 보내는 법

시린 바람 몰아치고
눈보라 휘감는 겨울바다
인적 끊긴 모래 위로
밀물처럼 그리움이 밀려온다

붉은 노을 속에
타들어가던 마음—
그날의 웃음소리,
모래 위 발자국처럼
파도에 지워진다

절벽에 부딪히는 물살의 울음
울고 있는 나를 대신해
하얗게 몸을 부수며 울부짖는다

그러나
더 거세게 부딪히고
더 아프게 무너져도
짙푸른 바다는
아무 말 없이
모든 파도를 품는다

깊은 수면 아래로
상처를 가라앉히고
끝내, 고요해진다

겨울바다는 안다
가장 아픈 이별일수록
더 천천히
그리움을 보내야 한다는 것을

시간의 강 위에 흐르는 구름은

우리의 기억 속에 숨을 쉬는
강가에서
봄빛 스며들 듯
부끄러운 너와 나의 여린 사랑은
수줍게 물들어갔다

부서지는 햇살 속
부드러운 너의 미소는
외롭던 나의 시간에
따뜻한 가슴이 되어갔다

반딧불이 춤추는
한여름 밤의 너의 멜로디는
시간의 강을 거슬러
큰 울림으로
잊고 살았던 젊음을 깨웠고

손끝에 살며시 내려앉은
분홍빛 꽃잎처럼
조용히 내 마음에 스며들었던 너,

이제는 바람을 따라 떠나는 길에도
하늘을 닮은 너의 걸음이
구름처럼 가볍고
햇살처럼 자유롭기를 바란다

시간의 강 위에 흐르는 구름은
너와 나의 아픈 추억의 앨범
넘기면 사라지고
펼치면 다시 피어나는
조용한 그리움의 노래

그리고 언젠가
그 강가에 다시 마주 앉게 되면
말하지 않아도 아는 눈빛으로
우린 서로를 기억하겠지

물든 봄, 반짝인 여름,
그리고 함께 했던 모든 계절을…

이별, 은행나무처럼

당신과 함께 걸었던
노오란 은행나무 길

당신이 떠난 지금,
시퍼런 가슴을 안고
옅어지는 그림자를 따라
나 홀로 걷고 있습니다

휘리릭, 툭—
휘리릭, 툭—
갈바람 사이로
노란 비가 쏟아집니다

은행나무는
바람의 손에 기대어
노란 잎들을
그저 흘려보냅니다

그 많은 이별을
수년을 견디며
은행나무는 어떻게

그 자리를 지켰을까요

나도,
은행나무처럼
그렇게
말없이, 그 자리에 서 있습니다

그날의 기억은 여전히

햇살 가득 머물던 그 벤치
두 손 꼭 잡고 걷던 그 골목
어디를 가도
당신이 함께 있던 날들이 떠올라요

함께 웃고
가끔 울기도 했던
그 시간들이
지금도 내 마음 어딘가를 따뜻하게 덮어줍니다

지나간 사랑이라 해도
추억이 되어 돌아오는 밤이면
그대는 여전히
내 안에서 살아 숨 쉬는 이름입니다

나 혼자만의 것

그대는 모릅니다
내 마음이
어느 계절쯤에 머물러 있는지

그대는 모릅니다
그 이름 하나로
내 하루가 얼마나 무너지는지

그대는 모릅니다
기다림이란 말이
얼마나 조용히 사람을 부서뜨리는지

괜찮습니다
말하지 않을 겁니다
드러내는 순간
이 마음은 더 이상
나만의 것이 아니니까요

사모곡

오메, 이쁜그
징하게 이뿌네-
뭣이 이렇게 이뿌다냐

연분홍 꽃잎 하나
울 엄마 어깨 위에
살포시 내려앉는다

오메, 고운그
징하게 곱네-
뭣이 이렇게 곱다냐

살랑이는 꽃잎 키스 한 번에
울 엄마 얼굴엔
웃음꽃이 환하게 피었지라

어매, 나는 말이여-
연분홍 치마저고리 곱게 차려입고
꽃구경 나온 울 어매가
세상 누구보다 더 이뿌고 고와보였어라

해마다 봄은
저 산 너머로 또 오고
꽃은 피고 또 지는데…

꽃보다 더 고운 울 어매는
그 봄을 따라
돌아오지를 않으시니―

아, 그리운 우리 엄마―
주름진 얼굴에 피어나던
그 고운 미소 하나가
진한 향기 되어
지금도 내 가슴을 조용히 울립니다

4부 꽃이 말을 걸다

"가만히 바라보면, 꽃도 말을 건넨다."

찔레꽃의 아픔, 민들레의 희망, 해바라기의 기다림
꽃은 말없이 피어나지만
그 안에는 수천 개의 이야기와 위로가 담겨 있다
나는 오늘도 한 송이 꽃 앞에서 마음을 다독인다

봄을 깨우는 이름, 복수초

겨울의 마지막 숨결 위에
살포시 봄을 실어 나르듯
투명한 물방울을 보석처럼 품고
하얗고 고운 숨결을 틔우는 작은 꽃 하나

밤새 눈을 따뜻이 품은 채
살얼음 마음을 조용히 녹이며
그윽이 꽃잎을 열어
세상 누구보다 먼저, 봄이 되었습니다

차가운 얼음 틈새에서
온기를 품고 피어난 당신,
얼마나 고운지요-

복수초, 그 맑은 이름

고요한 눈빛으로
겨울과 봄 사이를 조용히 잇는 당신 덕분에
내 마음에도
말없이 봄이 스며듭니다

봄날의 너, 만리화

노오랗게 물든 울타리 따라
가녀린 키 곧게 세우고
조잘조잘 웃으며
친구들과 다정히 어깨를 마주한 너

강가를 따라 출렁이는 노란 물결
살랑이는 봄바람을 타고
손에 손을 꼭 잡은 채
작은 엉덩이 살랑이며 춤을 춰

따뜻한 햇살을 닮은 네 미소는
우리 마음 깊숙한 곳에
노란 희망 하나씩 살며시 심어 주고

아무 말 없어도 전해지는
참 다정한 봄의 인사

소중한 이름
사랑스런 너,
만리화

목련, 조용한 시작

봄바람이 스쳐가면
긴 겨울 접어둔 가지 끝에
하얀 숨결이 맺힌다

솜털 같은 옷을 입고
세상 밖을 망설이는 너,
햇살은 살며시 등을 밀고
바람은 조용히 웃음을 건넨다

드레스처럼 흐르는 꽃잎
말없이 서 있는 그 모습엔
단정한 고요,
흔들림 없는 품위가 깃들고
그윽한 향기는
소리 없이 피어난 우아함이 된다

소란스러움 없이
피는 순간마저 단단하게-
목련은
그렇게
자신만의 봄을 연다

봄이 살짝 웃던 날, 홍매화

어쩜, 이렇게 예쁠 수 있을까
수줍게 번진 붉은 빛
치맛자락처럼 살랑이는 너

작은 노란 꽃술은
햇살을 모아 반짝이고
햇살은 너만을 위해
살며시 조명을 켜줘

그 순간,
아무 말도 할 수 없었어
예쁘다는 말조차
왠지 모르게 식상하게 들려서

바람이 지나가면
네 향기가 살짝, 내 마음을 간질이고
하루가 달라져 버려

잠깐 피고 잠깐 진다 해도
그 짧은 순간,
너는 완벽한 봄이었어

나도, 너처럼

갈색빛 바람 부는
도시의 빌딩 숲 사이로
내 발걸음을 이끄는
은은하고 매혹적인 향기

화려하지도 않고
눈부시지도 않지만-
초록 잎새 틈 사이
작고 진노란 꽃 피워낸
너는, 금목서

조용히 너를 깊이 들이마신다
너의 향기로 온몸을 적시며
나도, 너처럼
누군가의 하루에 스며드는
향기로운 한 그루 나무가 되고 싶어라

노란 속삭임, 황설리화

기나긴 겨울 끝자락
희뿌연 하늘 아래
하얀 눈 모자를 쓴 채
살며시 다가오는 봄기운에
조심스레 마음을 여는 너

소슬바람 속에서도
노란 치마 곱게 차려입고
가장 먼저 봄을 맞으러 나온
그 여린 용기

고운 자태에 문득 마음을 빼앗기고
살며시 번지는 그 향기에
또 한 번, 조용히 사랑에 빠져버린다

겨울이 남긴 마지막 숨결을 딛고
부드러운 햇살 속에
노란 꽃망울 활짝 피운
너는,
조용히 봄을 알리는
황설리화

민들레, 봄의 언저리

돌담 틈 사이
바람이 흘린 작은 씨 하나

지나치는 발소리에
한 번도 이름 불린 적 없지만
고개를 들어 햇빛을 비집어 문다

여름의 장대비,
겨울의 빈손 같은 바람
몇 번이고 몸을 접었다 펴며
나를 지워가더니

입춘이 무심히 지나간 뒤
꽃샘추위 끝자락에서
나는 노란 숨결 하나 켜 올린다

담벼락 그림자와
세상의 모든 소란 사이
바짝 붙어 선 채
겨우내 꿈꾸던
작은 봄을 끌어안는다

꽃잎의 언어

가장 부드러운 말들은
입술이 아닌, 꽃잎에서 흐르네

말없이 피어나
아무 소리 없이도
나는 그 진심을 듣는다

바람 스치면 떨리는 잎맥 하나에도
그리움과 기다림이 숨 쉬고
조심스레 다가오는 용기가 있다

너와 나 사이
말보다 먼저 전해지는 것들
작은 민들레꽃처럼
너의 마음도 어딘가에서
조용히 나를 바라보고 있을까

그래서 나는
오늘도 꽃잎의 언어로
너를 부른다
그 말 없는 사랑으로

자줏빛 속삭임

똑, 똑―
문을 두드리는 소리와 함께
자줏빛 호접난이 내 방에 스며든다

톡, 톡―
꽃망울 터지는 소리 따라
싱그러운 봄이 내 안에 피어난다

두근, 두근―
그대 향기, 소리 없이 스며들어
긴 울림으로 가슴을 적신다

빗속에 핀 꽃

토닥토닥…
쉴 새 없이 내리는 빗방울이
얼굴을 톡톡, 때론 투두둑-
세차게 부딪혀 와도
너는 눈 한 번 깜빡이지 않았지

여린 꽃잎을 시샘하듯
바람이 휘몰아쳐 흔들어도
그 어떤 원망도 없이
그저 고요히, 젖은 채로
의연하게 서 있는 너

그 모습을 바라보다
문득, 작아지는 나를 느껴-
비바람에 쉽게 흔들리려 했던
내 마음이 부끄러워
고개를 조용히 떨궜어

너는 참,
작지만 단단한 꽃
그래서 더 아름다워

5부 자연의 숨결 안에서

"자연은 말없이 다 주고, 아무것도 묻지 않는다."

숲, 나무, 하늘, 바람, 구름…
그 안에서 우리는 비로소 침묵을 배우고
있는 그대로 살아가는 지혜를 배운다
자연의 숨결에 귀 기울이면
잊고 있던 나의 마음도 들려온다

편백나무 숲에서

햇살이 포근히 내려앉은
편백나무숲 그늘 아래
숨결조차 조용히 머무는 곳에
나는 조용히 앉았다

바람은 잎새를 쓰다듬고
나무는 말없이 안아준다
속삭이듯 퍼지는 향기
마음속 먼지를 털어낸다

걱정은 이끼 위에 내려앉고
생각은 빛결 사이로 흩어진다
조용한 숨, 깊은 쉼-
숲은 나를 다시 살아나게 한다

나무마다 품은 세월이
등을 조용히 감싸안고
말 없는 위로가 되어
편백의 숨결로 마음을 적신다

흰구름이 머무는 자리

계곡을 흐르는 맑은 물소리에
묵은 번뇌, 고요히 씻겨 내려간다

가파른 돌계단을 오르며
행자처럼 마음속 호두알을 굴리고

도토리 물어 나르는
다람쥐의 바쁜 발걸음에
문득 서글픔이 스며든다

고목이 베푼 솔향 한 줌
저릿한 허파 가득 들이마신다

연기암 대웅전 앞
두 손 모아 고요히 합장하며

아ㅡㅡ
흰구름 머무는 그 자리
저 멀리 섬진강
그대 품 안에 나를 맡기고 싶다

내어주던 나무

늘 그 자리
바람 속에 묵묵히 서서
한마디 말없이 나를 기다리던 너

햇살을 건네고
그늘을 내어주고
비를 막고
눈을 품으며
한숨까지도 가만히 받아 안던 너는
말하지 않아도 느낄 수 있는
깊은 사랑이었다

나는 가지를 잘랐고
너는 아무 말 없이 내어주었지
나는 그 그늘 아래 쉬었고
너는 조용히 나를 감싸주었지

내가 머무는 동안
너는 서서히 작아지고
나는 모르게 자라났다

어느 날
더는 줄 것도 없이
몸통마저 앉은 너를 바라보다가
비로소 깨달았어

사랑이란
남김없이 주는 것임을

이제는 너의 뿌리에 기대어
나도 조용히 쉰다
내어주던 마음의 무게를
이제는 내가 안아보려 한다

숲의 속삭임

연둣빛으로 물든
울창한 숲길을 걷다
바람 한 줌이 내 어깨에 내려앉았다

그 바람은 조용히 속삭였다-

나무와 풀처럼
스스로 자라나야 해
누구의 손길 없이도
햇살을 따라 피어나야 한다고

계곡을 타고 흐르는 물처럼
멈추지 말아야 해
돌부리에 부딪혀도
흘러야 강이 된다고

이름 모를 들꽃처럼
흔들려도 꺾이지 마
바람에도 진흙에도
고운 빛 잃지 말라고

숲이 내게 건넨 말들
가만히 마음에 심는다
오늘도, 나는 자란다
흔들리되 꺾이지 않으며

풀꽃 향기 따라

나는, 풀꽃 향기 따라
오솔길을 걷는다

푸른 나무 그늘 아래
산솔새가 나지막이 부르는 노래
귓가에 살포시 내려앉고

초록빛 바람 위로
하얀 꽃잎 하나 떠돌다
들꽃구름 품에
조용히 안긴다

가쁜 숨 몰아
가파른 오르막을 오르면
기다렸다는 듯
내리막이 부드럽게 다가오고

나무 사이로 스며드는
늦은 햇살이
등 뒤를 조용히 감싸안는다

풀벌레 푸른 노랫결을
숨처럼 들이마시고
내 마음 한 모퉁이
조용히 물든다

그리고
두 손 가득 향기 안은 채
작은 번뇌 하나
길가에 내려놓는다

나는, 오늘도
풀꽃 향기 따라
오솔길을 걷는다

바람도 머무는

하늘의 풍악에 맞춰
춤을 추었다는 동악산 자락
도인들이 숲처럼 모여
도림사라 불리게 되었다

푸른 숲길을 걷는다
비단처럼 펼쳐진 반석 위로
은빛 실이 흐르듯
가느다란 폭포가 내려앉고
솔숲은 마치 동양화처럼 고요해
바람도 잠시 멈춘다

초록 그늘이 깊게 드리운 곳
햇살에 반짝이는 암반 위엔
세월이 새긴 글자들이
조용히 숨 쉬고 있다

천년의 기도가
돌결 사이로 번지며
가슴속 어딘가,
잊고 있던 떨림 하나

살며시 되살아난다

신라의 원효대사가
첫 터를 잡고
부처의 길을 닦았던 자리 - 도림사

마당엔 맑은 목탁 소리
아득한 새벽을 타고 울려 퍼졌던
스물여덟 번의 범종 소리
먼 산 너머까지 닿았던 그 울림은
지금도 가슴 어딘가를 두드린다

비 오는 날처럼 고요한 울림
도선국사도, 사명대사도, 서산대사도
이제 오지 않아도 괜찮다
동악산 허리춤에 걸린 구름처럼
백의의 승려들이
다시, 피어날 것만 같으니

청아한 울림

무등산 원효계곡,
웅장한 산세에 매료되어
원효대사 머물던 그곳, 원효암
맑은 목탁소리 산사의 아침을 깨우고
마음 '심' 자를 그리며 울리는
법고의 깊은 울림
고즈넉한 산사의 경내를 채운다

번뇌를 비워내는 염불소리
푸른 이끼꽃 핀 담장을 넘어
한 줄기 불심 되어
불전에 고요히 머문다

바람이 건드는 청아한 풍경소리
사찰 옆 흐르는 계곡 물소리와 어우러져
산자락 너머, 바람결에 실려 간다

세속의 번뇌를 쓸어내듯
행자스님의 마른 빗질 속에
부처님의 발자국
고요히 드리워진다

한여름 밤의 콘서트

한여름 밤 숲 어귀에 서면
가느다란 풀벌레 소리가
먼저 다가옵니다

작은 가슴으로 부르는
그들의 노래는 조용히 내 마음을 두드리고
달빛은 살며시 나뭇잎 위에 내려앉아
하얀 조명을 켭니다

저만치 숲을 맴돌던 반딧불 하나
빛을 물고 날아오르면
별빛도 따라 내려와
숨죽인 숲을 물들입니다

아무도 초대하지 않았지만
밤은, 바람은, 나도 모르게
그 무대 앞에 서 있습니다

이 고요한 여름밤
작고 맑은 것들이
세상에서 가장 아름다운 음악이 됩니다

산, 내게 말하다

가파른 산길
헐떡이는 숨결 사이로
닫혔던 가슴이
조금씩 열린다

솔가지 흔드는 산바람
먹구름 같은 마음을
조용히 털어낸다

갈참나무 그늘 아래
손 내밀 듯 다정한 품
멧새, 소쩍새 울음소리
머릿속 짐을
하나씩 내려놓게 한다

비탈진 바위 틈
들꽃 하나
말없이 흔들리며
묵묵히 피어난다

지쳐가는 걸음마다

계곡물 흐르는 소리
목마른 영혼
깊은 데까지 젖어든다

능선을 따라 오른 봉우리
홀로 선 그곳에서
차가운 바람 맞으며
어깨에 매단
오만과 자만을 툭툭 떨구니
다만, 파란 하늘빛
눈 속으로 흘러든다

산은 말이 없지만
나는 그 침묵 속에서
가장 깊은 대답을 듣는다

물빛 울음이 지나간 자리

검은 구름이
숨죽인 하늘을 찢고
하얀 물기둥이 되어
내리꽂혔다

작은 숨결 따라 흐르던 논둑
속삭이던 밭고랑
하루아침에 잠기고
꿈결처럼 지워졌다

푸른 살결을 긁고 지나간
물의 손톱
뿌리 깊은 숨조차 끊어내고

말없이 손 모아 바라보는 엄마
가슴속 둑 하나 무너져
울음마저 흙탕물에 젖는다

모든 것이 조용히 젖어간다
비의 뒷모습까지도

금빛 구멍

너른 밤하늘에
동그랗게 뚫린 하나의 구멍
그 구멍으로
금빛이 쏟아져 내립니다

찬란해서
나도 닿고 싶어
손을 뻗어 보고
잔뜩 웅크렸다가
힘껏 발돋움 해보지만

그 빛은 너무 멀어
아스라이 반짝일 뿐,
나는 그저
밖으로 나가고 싶은 마음으로
한없이 바라봅니다

달
달
무슨 달이기에
그리 멀고도 고운지요

기다림 끝에 오는 너

오랜 기다림 끝에
드디어,
조용히 마른 대지를 적시는 너

동이 트기 전부터
살며시 내리기 시작하더니
나뭇가지마다
옥구슬처럼 투명한 생명을 달고

잎 하나 피우지 못한 봄마저
잠시 숨을 고르던 날

너는 왔구나
이별의 눈물도
봄의 입맞춤도 닮은 그 모습으로

어쩌면
겨울의 끝자락일지라도
너는
생명의 문을 여는 빗방울이었지

고요한 들녘을
수줍은 첫사랑처럼 지나가며
내 마음 끝까지 물들이는 너,
참 반가운 봄의 노래야

6부 하루라는 기적

"하루가 선물처럼 다가올 때, 삶은 기도가 된다."

눈 뜨는 아침, 고요한 저녁

차 한 잔의 온기, 마주보는 눈빛 하나

그 평범한 하루 속에

작은 기적들이 숨어 있다

나는 오늘도 하루를 다정히 살아낸다

감사 1

그대여,
당신의 숨결이 머문 자리마다
내 삶은 새벽처럼 환히 밝혀집니다
존재해 있음만으로도 고맙습니다
이 순간, 함께 숨 쉬는 이 기적 앞에 마음을
모읍니다

수많은 별들 사이,
우리가 서로를 알아본 그 인연-
우연처럼 다가온 필연에 깊이 고개 숙입니다
말 없이 눈빛을 나누고
고요 속에서도 마음이 닿을 수 있음에
감사합니다

그대가 내민 빛,
그 온기로 나의 어둠은 물러났습니다
당신의 따뜻한 빛남에 마음 깊이 감사드립니다
세상의 소음 속에서도
우린 우리만의 언어로 축복을 노래할 수 있어 참
다행입니다

그리고 무엇보다-
간절히 품었던 마음들이
기도처럼 하늘에 닿아
사랑의 열매로 맺히게 하심에 감동합니다

보이지 않는 손으로
이 모든 사랑과 기적을 허락하신
그 커다란 은총 앞에 조용히 머리 숙입니다

오늘도, 그리고 내일도
감사하는 마음으로 살아가게 하소서
그 따뜻한 마음을 나누게 하소서
사랑을 더 깊이 사랑하게 하소서
…아멘

감사 2

살며시 내려앉는 새벽의 숨결 속에서
잠들었던 내 마음도 조용히 깨어납니다
이슬 머금은 풀꽃이 수줍게 고개를 들고
그 속삭임에 나도 모르게 미소가 번집니다

나뭇가지 사이사이
서로를 부르며 노래하는 새들의 인사
그 맑은 선율에 실려 온 생의 기쁨이
오늘을 포근하게 적셔옵니다

달콤한 바람이
코끝에 내려앉아 말없이 다독이고
아기 햇살은 수줍은 얼굴로
살며시, 오늘의 문을 열어줍니다

이 모든 찰나가 기적처럼 느껴져–
어제와는 또 다른 오늘을
다시 만날 수 있음에
나는 천천히 고개를 숙이고
말없이…감사합니다

오후 네 시, 빛에 묶이고

빨리가야지, 빨리가야지
발걸음은 앞서는데
어디를 딛는지도 모른 채
그저 매뉴얼대로
마천루 숲을 걷고, 또 걷는다

그러다 문득,

아-
도로 위에 드리운 자수빛
목마른 사슴처럼 고개를 들고
말없이 다가온
빛의 손가락이
이마를 쓰다듬는다

나는 우뚝 서서
쉰다,
숨 하나

그렇게 빛에 묶인
오후 네 시의 나

쌍화차 한 잔의 기억

정읍, 쌍화차 거리
세월이 머문 작은 찻집 문을 열면
곱돌 찻잔 위로
새벽 이슬이 조용히 내려앉는다

햇살 같은 손길로
주인장은 찻물을 내리고
보름달 닮은 잔 속엔
그리운 얼굴 하나, 은근히 번져온다

솔향 스미던 뒷동산
풀밭을 뛰놀던 어린 날의 웃음소리
따뜻한 물결 따라
가슴속으로 다시 피어난다

대추 하나, 잣 두 알
호두 반쪽 살짝 띄우며
잊고 있던 기억이
물 위에 조용히 떠오른다

입술 끝에

미소 하나 슬며시 번지고
당귀 향 따라
마음은 어느 봄날로 걸어간다

그리고
혀끝에 닿는 그 한 모금
시린 속살을 데우는
하얀 꽃 한 송이
고요히, 피어난다

향기를 마시다

바쁜 일과를
문 앞에 살짝 내려두고
차 한 잔을 준비합니다

맑은 찻잔 속으로
노란 들판이 천천히 번지고
햇살과 바람
새벽 이슬을 머금은 잎들이
고요히, 뜨거운 물 속에서
자신을 천천히 풀어냅니다

혀끝엔 달큰한 향이 머물고
숨결은 그 잎의 이야기를 따라
조용한 숲속으로 걸어듭니다

지금 이 순간
나는 차를 마시는 것이 아니라
향기를,
자연을,
그리고 한동안 잊고 있던
나 자신을 마시고 있는지도 모릅니다

골목길에 피어난 웃음꽃

하얀 솜뭉치가
씰룩씰룩 흔들릴 때면
딸랑딸랑 방울소리
솜뭉치 따라
양갈래 삐삐머리 아가
아장아장 걸어오네

걸음마다
뽁뽁 뽁뽁 귀여운 신발 소리
작은 발자국마다 웃음꽃이 피어나고

담장 너머
지켜보는 할머니의 눈길엔
햇살보다 따스한 웃음소리
하하, 호호-

햇살 머무는 골목길에
하얀 웃음꽃이
소복소복 피어납니다

찰나의 선물

아! 나도
모르게 터져 나오는 탄성!
이 행복한 시간
이 자유로운 순간!

찰칵, 찰칵-
끊임없이 돌아가는 톱니바퀴
붙잡아 꽁꽁 묶어
간직하고 싶은 간절한 마음

알면서도 모르는 척
달려가는 시간들…
조금만, 조금만
천천히 가줄 수는 없을까요?

이 순간의 자유
이 순간의 행복!
찰나의 선물이기에
더욱 소중한 시간입니다

메주 익는 시간

첫서리 맞은 홍시는
더 달다고
기다릴 줄도 알아야 한다고
당신은 말하셨죠

감을 딸 땐 까치밥은 꼭 남겨두라며
나누는 마음이 사람을 키운다
웃으며 가르쳐주셨죠

까슬한 손으로 내 등을 사그락 긁어주던 밤
당신의 자장가에
나는 참 잘도 잠들었어요

이젠 그 손길도, 그 목소리도 없지만
당신이 남긴 말들은
자꾸 계절을 닮아 피어납니다

주름 깊숙이 품었던 세월은
볏짚 머리 두른 황금빛 메주처럼
천천히, 구수하게
내 마음속에서 익어갑니다

멈추었을 때, 비로소

앞만 보고
숨 가쁘게 걸어온 길 위에서
잠시 멈춰 서보라

좌우를 둘러보고
한 걸음, 뒤를 돌아보라
낙엽 진 발자국들
지나쳐온 이름들
놓치고만 간 마음들이
천천히 말을 건넨다

바람도, 빛도
멈춘 자리에 더 오래 머무르듯
너의 시간도
그제야 숨을 쉰다

비로소
보이지 않던 것들이
너를 바라본다

문득, 뚝배기처럼

투박한 뚝배기에 쌀뜨물 붓고
시골 된장 휘저어 풀고
맵디매운 청양고추 송송 썰어 넣고
부드러운 두부에 갖은 양념을 더해
뭉근한 불에 지지듯 끓여냈다

입천장 데일까 후후 불며 간을 보니
칼칼하고 구수한 된장 냄새까지 맛있다
그제야 알겠다―
이 국물의 깊은 맛은
오랜 기다림 끝에야 비로소 스며든다는 것을

문득 생각난다―
인생의 깊은 맛도
소박한 삶의 향기도
저 오래된 뚝배기처럼
시간 속에 천천히 우러나야 한다는 걸

천천히 익어가는

나이 든다는 건
세월을 한 겹씩 덧입는 일

거울 속 내 얼굴보다
낯선 이의 주름을 먼저 바라보게 되고
말보다 눈빛을 먼저 읽게 되고
이제는
무엇을 말하지 않는지가 더 중요해진다

한때는 세상이 내 중심 같았지만
이젠
먼저 져주는 마음이 편하다는 걸 안다

욕심은 조금씩 내려놓고
이해는 천천히 쌓여간다

몸은 조금씩 불편해지고
계단보다 손잡이에 눈이 먼저 가고
가끔은
소리 없이 깨어나는 새벽이 서럽지만

그래도 아직
계절의 빛깔이 눈에 밟히고
꽃 피는 아침이 고맙고
밥을 씹는 감각이 반갑다

나이 든다는 건
사라지는 게 아니라
더 깊어지는 것

다만
그 깊이를 껴안을 준비가 되었는가

나도, 가을처럼

하얀 꽃잎 지고 난 자리
작고 수줍은 열매 하나
햇살 속에 붉게 물들어갑니다

진녹의 청춘은
계절의 불길처럼 타올라
서서히, 아름답게 익어갑니다

부지런한 농부의 손길 따라
들녘은 숨을 고르고
황금물결로 깊어갑니다

나는 아직 하늘의 깊이를 잘 모르지마는
가을처럼,
천천히, 조용히
향기롭게 익어가고 싶습니다

달빛을 품은 누름돌

장독대 위
손바닥만 한 몸집으로
모난 데 하나 없이 매끄럽게 누운 너
어머니가 냇가에서 주워 온
반질반질한 돌 하나
장아찌 담글 때 귀히 쓰이던 너는
말없이 눌렀지, 속 깊은 것들을
딱딱한 자갈밭을 굴러
날마다 깎이고 부딪혀
서늘한 낙숫물에 얻어맞으며
자근자근, 칼날 같은 마음도 무뎌지고
시퍼런 멍처럼 남은 세월의 자국
그러면서도,
어두운 강물 속에서
창백한 달빛으로 스스로를 비추는 너
누구보다 낮고 묵묵한 자리에
가장 깊은 맛을 지켜낸
작고 단단한 너 하나
이제야 알겠다
그 침묵이 얼마나 오래도록
빛이었는지를

발

곱지 않아도 예쁘지 않아도
너는 내 삶을 걸어온 증표였다

울퉁불퉁 굽은 골목도
비에 젖은 새벽길도
말없이 너는 내 곁에 있었다

한 땀, 또 한 땀
시간을 꿰매던 바늘처럼
내 하루를 꿰어 이어준 실이었고
넘어져도 일어서며
울어도 앞으로 나아가며
너는 언제나 나보다 단단했다

뒤돌아본 그 길목마다
희망과 슬픔, 웃음과 분노가
너의 발자국 위에 내려앉았다

그리고 나는 이제 안다
내가 살아냈던 모든 날들이
너의 흔적 속에 남아 있다는 것을

집게

촉
촉촉
반가운 파찰음
그대 이마에 나의 이마에

어설픈 입맞춤에 놀란 그대
닿지 않아요 그러나
기다리다
찰나를

맨발로 걷는 아침

수줍은 아침 햇살이
나뭇가지 사이로 흐르며
고요한 뺨을 어루만진다

이름 모를 새들의 노래는
살포시 발등에 내려앉고
깃을 떨구는 날갯짓 하나에
놀란 바람이 일어
풀잎 위 맺힌 향기를 데려온다

맨발로 딛는 이슬 머금은 땅—
서늘한 숨결이
몸속 깊은 감각을 흔들고
잠들어 있던 계절이
천천히, 안에서부터 깨어난다

파도가 물러간 자리

마음이 아파
눈물이 흐르는 것을 막을 수 없다면-

차라리,
내 안의 모든 물기를
쏟아내도 좋겠다

한 방울 남김없이 비워질 때까지
텅 빈 껍데기처럼

가만히 누워
밀려갔다 돌아오지 않는
파도의 자리를 바라본다

눈물도, 슬픔도
다 빠져나간 다음엔
고요한 바닥이 남겠지

그제야
내 마음에도
다시 물이 들기 시작할까

맨발의 청춘

서쪽 하늘이
붉게 물들 무렵
답답한 가죽옷을 벗어 던진다

맨발에 스며드는 황톳길—
서늘한 흙의 숨결이
잠든 감각을 깨운다

한 걸음, 또 한 걸음
대지 위에 마음을 새기듯
오늘을 밟고
조용히 인생을 건넌다

희미한 가로등 불빛 아래
스쳐가는 얼굴,
익숙한 듯 낯선 미소에
문득 안부를 건넨다
"안녕하세요"
그 푸르른 맨발의 청춘에게

하얀 발등 위로

달빛이 살포시 내려앉고
익숙한 골목 끝을 따라
나는 다시, 그 시절로 걸어간다

황톳길이 사라지는 끝자락,
밤의 적막이 피어나는 자리-
맨발의 청춘은
여전히 웃고 있다

흙 묻은 그 입가에
가장 순수한 내일이
말없이 피어난다

소풍의 끝에서

휘청이는 한 줄기 빛
외로운 배웅, 저 멀리 스러지고
배낭엔 소중한 기억들
나는 조용히 첫걸음을 내딛는다

국화 향 머문 삼베옷 걸치고
고단했던 계곡을 지나
고요한 오솔길을 건너면
초록의 들판이 끝없이 펼쳐진다

흰 꽃비 흩날리는 바람
그 속엔 이별의 눈물도 실려 있고
노을은 붉은 추억을 데우며
하늘 저편을 천천히 닮아간다

쇼팽의 선율처럼
누군가의 웃음이 들려오고
잠든 마음 끝자락이 살며시 깨어난다

고목 그늘 아래
긴 뿌리를 베고 누운 채

잎 사이로 반짝이는 별 하나
이별의 입맞춤을 건넨다

아카시아 꽃바람 되어
나는 떠나리
이 아름다웠던
소풍의 끝으로

푸른 강에 띄우다

한숨
또 한숨
조용히 내쉴 틈조차
버거운 날이면
나는 그곳을 향한다

아, 승촌보여
드넓은 뚝방길 따라
한 마리 바람새가 되어
풀잎 흔드는 숨결에
잠시 나를 실어 보낸다

답답한 마음 몰아쉬며
하늘 향해 날갯짓할 때
저만치 갈대밭,
하얗게 물결치는 그곳에
내 마음도 소리 없이 출렁이고

슬픔을 품은 바람이
울음을 감추듯 스치면
내 안 깊숙이 맺힌

붉은 그림자 하나
영산강 푸른 물결 위에 살며시 띄운다

그리고
고요한 하늘빛을 깊이 들이마신다

한숨
또 한숨
가만히 고르며
조용히, 그러나 단단히
다시, 나의 날개를 편다
붉게 물드는
저 노을 속으로

나는 행복합니다

몽실몽실 복숭아빛 얼굴로
수줍게 웃어주는 너를 보며
내 입가에도 사르르 미소가 번져요

살랑이는 봄바람 따라
꽃향기 곱게 실려 오면
연인들은 눈빛으로 사랑을 노래하죠

살포시 내려앉는 꽃잎들은
앞날이 환히 피어날 거라며
고운 청춘에게 속삭이듯 축복을 건넵니다

아, 벚꽃나무야-
너의 부드러운 선물 속에서
이 봄, 나는 참 다정히 행복합니다

다시 그리고 시작

성냥갑 같은 상가들 사이로
심장 소리는 들리지 않는다
어둑한 창문, 때국물 넘친 벽
눌린 심장은 삶의 무게를 삼키고
건물도, 나도 울고 있다
Fine 피네

그런데 문득
파드득-
간판에서 튄 스파크 하나
불꽃이 번진다

멈춘 듯하던 심장에
잔잔한 떨림이 번져
그믐달을 배웅하듯
두근두근-
오늘의 삶을
다시 연주하기 시작한다
D.S.달세뇨

*Fine 피네 : 연주 마침.
*D.S.달세뇨 : 다시 시작

다시 피어나는 나
– 마른 꽃잎 차를 마시며

찻잔 속에 잠들었던 꽃잎 하나
말라버린 기억처럼 고요히 가라앉아 있었다

뜨거운 물결이 닿자
고요한 물결 위로 번지며
한 겹, 또 한 겹 마음을 열 듯
마침내 자신의 봄으로 피어올랐다

잊혔다고 믿었던 색이 번지고
향기가 다시 방 안을 맴도는 순간
나는 문득, 나도 그렇게
다시 피고 싶다는 소망을 품는다

한때는 부서지기 쉬운
말린 꽃잎처럼 살아왔지만
내 안의 온기로, 내 안의 봄으로
다시 여자로 피어나고 싶다

그 누구의 눈길 아닌 내 스스로의 온기로 피어나는
하나의 꽃이 되어
나를 다정히 껴안고 싶다

오래된 향, 오래된 마음

술은
세월을 품을수록
한 방울에 어둑한 시간들이 스며들고
향은 낮은 숨결로 피어올라
마음 끝을 어루만진다

그러나 사람은
세월을 지닐수록
눈가엔 그늘이 드리우고
말 없는 고집이 마음속에 단단히 자리 잡으며
손끝엔 굳은 날들이 내려앉는다

그리하여
술은 묵을수록 귀해지건만
사람은 왜,
묵을수록 아파지는 걸까

혹시,
그 아픔의 끝에서야
비로소 익어가는 것일까

1980, 꽃이 피기까지

햇살이 조용히 내려앉던 아침
초록잎 사이로 바람이 스쳤다
세상은 아무 일 없던 듯
평온한 5월을 노래했다

그러나 나는 알고 있었다
그 평온 아래
얼마나 많은 외침이 꺾였는지
얼마나 많은 이름이
끝내 불리지 못했는지를

총부리 앞에서도
두 손을 들지 않았던 사람들
진실 하나 가슴에 품고
금남로를 걸어갔다

누군가는 다시 돌아오지 못했고
누군가는 끝끝내
이름조차 남기지 못했지만
그대의 숨결은 이 도시의 흙이 되어
마침내, 꽃을 피웠다

오월이다
진실의 오월이다
누구는 피로 글을 썼고
누구는 마지막 노래를 남겼다

난분분, 난분분…
그날 거리마다 흩날리던 꽃잎은
누군가의 마지막 외침,
민주를 향한 하나의 몸짓이었다

지금 이 봄의 맨 처음은
그대였다
어둠보다 먼저 타오른
이름 없는 불꽃,

나라보다 먼저 깨어났던
너의, 너의 숨이었다

구름처럼

살아지겠지,
살아지겠지…
붙잡은 줄이
점점 목을 조여 오는데도

무뎌지겠지,
무뎌지겠지…
속살을 긁는 모래알처럼
견디다 보면
언젠가는 아프지 않겠지

끝없이 밀려드는 사구
텅 빈 하늘 위
무심히 흘러가는 구름을 보며
나는 걸음을 멈춘다

뜨겁게 식어버린 바람 사이로
말라붙은 마음 하나
두 손으로 조용히
부서지지 않게 잡아본다

모래 위로 길게 드리운 그림자
스미는 바람에 흩어져도
무너지지 않으려
나는 조용히 견딘다

소리 내 울 수도 없는
지금 이 모래 위에서

내 마음속의 얼룩

하얀 셔츠에 번진 얼룩
빨랫비누를 문질러
싹싹 비비고
조심스레 주물렀다
그러자 다시
맑고 깨끗해졌다

문득 생각한다-

내 마음속 깊이 스민
오래된 얼룩도
저렇게 쓱쓱 문지르고
주물러 닦아낼 수 있다면
얼마나 좋을까

구름이 걷힌
투명한 하늘처럼
말끔해진 마음 하나
그리운 어느 날처럼
바람에 살랑였으면

물 위의 그림자

강물 위에
푸른 하늘이 흘러내리고
구름은 솜털처럼 하얗게 부서진다

닿을 수 없는 것들
바라보다가
내 삶도 함께 흘러간다

손을 뻗으면 잡힐 듯
가까이 있으나
결국 바람 속으로 녹아 사라지는 것들

사랑도, 그리움도
내 안에 오래 머물지 못하고
물결에 실려 떠간다

오늘도 나는 강가에 앉아
내 안의 푸른 하늘을 붙들려 하지만
애달픔만 물 위에 흔들린다

어머니를 닮아가는 얼굴

어릴 적,
엄마 몰래 화장대 앞에 앉아
입술엔 붉은 크레용, 눈가엔 엄마의 파우더
서툰 손길로 그려보던 어른의 얼굴
거울 속 낯선 내가
그땐 마냥 어른스럽고 멋져 보였다

세월이 흘러
이젠 내가 화장대 앞에 앉는다
주름진 이마 위에
조심스레 색을 덧입히며
쓱쓱, 토닥토닥
시간을 덮어보지만
거울은 조용히 말한다
그 모든 흔적이 너의 삶이라고

문득
거울 너머 어머니의 얼굴이 겹쳐 보인다
백발의 작은 어깨,
고단했던 세월이 새긴 주름골 사이
검은꽃처럼 피어난 강인한 흔적들

그땐 몰랐지
굽은 어깨와 깊은 주름마다
얼마나 많은 계절이 숨어 있었는지
이제야 알겠다

거울을 들여다보며
어머니를 닮아가는 내 얼굴에서
처음으로
진짜 아름다움을 배운다는 것을

| 작가 에세이 |

'시를 쓰며, 내가 다시 태어났다.'

세상의 언어로는 도무지 다 표현할 수 없는 감정이 있습니다.
그것이 사랑이든, 슬픔이든, 혹은 끝내 외면받는 기다림이든-
말로 다 하지 못한 것들을 나는 시로 적었습니다.

처음에는 아이의 눈빛을 따라 쓰기 시작했고,
그 눈빛 안에서 나의 상처와 회복,
기도와 같은 고요한 소리를 만나게 되었습니다.

하루하루 버텨낸 날들 속에서
내 마음에 자라난 문장 하나, 문장 둘…
그러나 어느 날, 내가 살아낸 모든 시간이
시가 되어 있음을 깨달았습니다.

그렇게 저는 월간 『시사문단』을 통해 시인으로
첫발을 내디뎠고,
이제는 제 안에서 자라난 시들을
한 권의 시집으로 엮어 내어놓습니다.

이 시집은 제 인생의 작은 이정표입니다.
슬픔을 지나왔기에 기쁨을 알 수 있었고,
앓는 아픔을 알아서 더욱 간절히 품을 수 있었습니다.

혹여 이 시들을 읽는 당신에게도
한 편쯤은 마음을 다독여주는 문장이 되어주기를 –
그리고 살아낸 당신의 시간도
언젠가 시가 되어 돌아오기를 기도합니다.

조 지 영

| 해설 |

기도로 직조한 존재의 윤리

손근호(시인·평론가)

　조지영의 시집 『내 안에서 자란 기도』는 시인 겪은 일상적 삶의 경험, 특히 돌봄, 자연, 이별 등을 주요 소재로 삼아 존재와 관계의 본질을 성찰한다. 표현 면에서는 반복과 은유를 활용해 언어의 침묵성과 윤리성을 동시에 드러내며, 감정의 직접적 표출 대신 상징적 이미지와 사유로 주제를 형상화한다. 특히 기도, 자연, 침묵과 같은 모티프를 통해 고통이나 상실을 단순히 고백하지 않고, 존재의 본질을 되새기며 윤리적 태도로 승화한다. 이러한 표현 방식은 정제된 언어와 조용한 어조 속에서도 깊은 감응을 이끌어내며, 시인은 자기 고통뿐 아니라 타자의 고통까지도 안고 가는 시적 주체로 자리매김한다.
　이제 네 가지의 키워드를 중심으로 시집을 살펴보자.

1. 존재의 수용과 사랑의 윤리

　이 소주제 아래 묶인 다섯 편의 시는 돌봄, 그리고 모성이라는 개인적인 서사 속에서, 인간 존재와 삶의 의미를 깊이 응시하며 "기도"라는 윤리적 태도로 응답하는 시인의 내면 여행이라 할 수 있다. 이 시편들은 단순한 고백이 아닌, 상처의 언어를 거쳐 성숙으로 나아가는 '존재의 수용'의 여정을 담는다. 철학자 레비나스는 "타인의 얼굴을 마주하는 순간, 우리는 도덕적 책임을 떠안는다"고 말한 바 있다. 이 시편들 또한 타인의 고통, 특히 자녀의 멈춰진 시간과 불안정한 미래를 감싸안으며, 책임을 넘어선 '윤리적 사랑'의 공간을 창조해 낸다.

「처음 만난 너에게」는 생명의 기적과 함께 시작된다. 이 시에서 "내 몸은 작은 우주가 되었지"라는 구절은 단순한 임신의 사실을 넘어, 하나의 존재를 위해 우주처럼 확장된 자아를 상징한다. 고통의 끝에서 탄생한 "너"는 시적 자아에게 있어 시작이자 완성이며, 눈부신 존재론적 반전의 순간이다. 이 시는 이후 연작들의 기조가 되는 '기적'의 어조를 미리 선언하며, 이후 반복되는 "너"와의 관계가 단지 피붙이의 애정이 아닌, 한 존재를 전적으로 수용하고 존중하는 철학적 태도임을 암시한다.

시집 제목과 동일한 「내 안에서 자란 기도」는 이 시집의 중심 윤리라고 할 수 있는 "수용의 기도"를 정면에서 다룬다. 이 시의 핵심은 단순한 수동적 체념이 아니라, 통증과 충돌 속에서도 기도를 통해 세계를 다시 받아들이는 능동적 변용이다. "지푸라기라도 잡고 싶은 마음이/ 어느새 기도가 되어"라는 구절은, 절망의 끝에서조차 타인을 위한 기도를 탄생시킨 주체의 도덕적 힘을 강조한다. 이 기도는 종교적 신앙의 전유물이 아니라, 인간 존재에 대한 깊은 긍정이자 시인의 언어를 통해 계속해서 성장하고 있는 생명의 담론이다.

한편, 「엄마라는 이름의 시간」과 「양말 위의 대화」는 서로 긴밀히 연결되어 있다. 이 두 시는 자녀와의 반복되는 일상 대화를 통해 시간의 비가역성과 윤리의 반복성을 드러낸다. 특히 "양말은 누가 사줬어?"라는 질문은 일상의 사소한 반복처럼 보이지만, 시인은 그 안에서 '기도처럼 들리는 질문'의 가능성을 발견한다. 시 속에서 이 반복은 퇴행이나 지루함이 아니라, 언어가 기도가 되어버리는 새로운 윤리적 형식이다. 이는 시인 파울 첼란이 말한 "언어는 상처를 향해 가는 손"이라는 개념과도 닿아 있다. 언어는 다다를 수 없는 타자의 내면에 닿고자 하며, 이 시인의 반복적 진술 역시 아이의 내면에 도달하려는, 혹은 그로부터 비롯되는 신성한 행위인 것이다.

「멈춰진 시간 속에서」는 이 시편들의 철학적 클라이맥스라 할 수 있다. 이 시는 시간의 개념을 새롭게 정의하며, 존재가 반드시 변화하거나 성장해야만 의미 있는 것이 아니라는 급진적 수용의 윤리를 제시한다. "스물일곱 해가 흘렀지만/ 너는 아직 다섯 살 아이의 세상에 머문다"는 진술은 일반적인 삶의 서사에 저항하며, '멈춤'이라는 개념 안에 깃든 고요한 영속성을 조명한다. 특히 "너의 마음은 늘/ 순수한 봄날처럼/ 꽃피고 있다"는 묘사는, 변화의 부재 속에서도 생명의 아름다움을 말할 수 있다는 시인의 신념을 담는다. 여기에서 봄은 '언제나 시작되는 존재'로서, 순수함이 곧 변화일 수 있음을 말해주는 은유다.

주체의 완결성보다는 관계성, 자율성보다는 돌봄과 상호성에 집중하는 이 시편들은, 인간 중심적 세계관을 벗어나, 타자성과 약자성에 기반한 새로운 윤리의 공간을 제시한다. 이는 또한 마르틴 부버의 "나는-너" 관계와도 일맥상통한다. 자아는 '너'를 통해 확장되고, '너'와의 반복적 관계 속에서 시인은 자기를 지속적으로 재형성한다. 아울러, 여성 시인이 모성의 영역을 넘어 돌봄의 철학으로 확장했다는 점에서 중요한 의의를 가진다. 돌봄의 언어를 단순한 희생 서사가 아닌, 인간 존재의 가장 본질적인 태도로 승화시켰기 때문이며, 또한 시인이 자기 존재를 기꺼이 타인의 생존 기반으로 내어주는 '윤리적 예술가'임을 증명하고 있기 때문이다.

시인의 언어는 기도가 되고, 기도는 존재를 안고, 존재는 사랑으로 윤회한다. 그러므로 이 시편들은 단지 "기적처럼 너를 안고" 있는 것이 아니라, 기적을 살아내는 삶의 윤리를 실천하고 있는 것이다.

2. 순환의 존재론, 그리고 조용한 헌신

"자연은 말이 없지만, 그 침묵 속에서 우리는 가장 깊은 대답을 듣는다."

이 시편들은 자연의 질서와 계절의 흐름 속에 담긴 존재의 숨결, 관계의 본질, 삶과 소멸의 철학을 조용히, 그러나 진실하게 증언하고 있다. 여기에서 '너'는 단일한 존재가 아니다. '봄비'로, '여름밤의 생명'으로, '나무'로, '산'과 '절'로, 혹은 '잊고 있던 진실'로 다양하게 환유되며 시인을 마주한다. 시인이 자연과 만나는 순간순간은 단순한 감상이나 묘사를 넘어, 자아가 존재의 깊이를 새롭게 체감하고 정화되는 '사건'이 된다. 바로 이 점에서 이 시들은 '순환의 존재론'을 시적으로 실현하고 있으며, 인간중심의 사고를 넘어서려는 탈인간중심주의적 시선으로도 읽을 수 있다.

「기다림 끝에 오는 너」에서 '너'는 봄의 비다. 겨울의 끝자락에서 오며, 메마른 대지를 적시고, 생명의 문을 여는 존재다. "봄의 입맞춤도 닮은 그 모습"이라 한 데서, '너'는 단지 자연현상이 아니라 정서적 대상이 된다. '이별의 눈물'과 닮은 비는 감정의 정화와 시작의 이중성을 품는다. 인간의 시간과 자연의 순환은 이처럼 겹겹이 교차하며, 비의 침묵 속에서 삶의 다시 태어남이 암시된다. 이는 하이데거가 말한 '세상 속에-존재하는 존재로서의 인간Dasein'의 자리와 겹친다.

「한여름 밤의 콘서트」는 여름밤의 자연을 무대 위 콘서트처럼 묘사한다. 풀벌레, 달빛, 반딧불, 별빛이 주체가 되어 펼치는 이 공연은 자연의 '고요한 사건'이며, 인간은 비로소 '초대받지 않은 관객'으로 거기에 서게 된다. 이는 장 자크 루소가 말했던 자연으로의 회귀, 또는 낭만주의적 '자연 속에서의 자아 발견'이라는 문예사조의 흐름과 맞닿는다. 특히 "작고 맑은 것들이 세상에서 가장 아름다운 음악이 됩니다"는 구절은, 일상의 소음 속에 가려진 자연의 언어를 되찾아 들으려는 생태적 감수성의 한 정점이라 할 수 있다.

「내어주던 나무」는 철저히 관계의 시다. 나무는 타자의 대표로 등장하며, 자신의 존재를 끊임없이 내어주는 존재이다. "나는 가지를 잘랐고/ 너는 아무 말 없이 내어주었지"라는 구절은 인간과 자연, 혹은 인간과 부모의 관계, 나아가 '타자에 대한 윤리적 응답'을 환기시킨다. 이는 레비나스가 말한 '타자의 얼굴을 마주한 책임'이라는 철학적 주제를 상기시킨다. 이 시의 마지막 "이제는 내가 안아보려 한다"는 말은, 단순한 회한을 넘어, '이해'와 '전이'의 순간을 가리킨다. 타자의 희생을 내 삶으로 끌어안는 결단, 그것이 이 시의 정점이다.

「산, 내게 말하다」에서 산은 또 다른 '너'로 나타난다. 이 '너'는 인간의 오만을 걷어내고, 고요한 침묵 속에서 존재의 진실을 들려준다. 산의 품, 들꽃의 무언, 계곡물의 속삭임은 시인을 감정의 껍질 너머로 이끌고, 그는 드디어 오만을 떨구고 맨눈으로 하늘을 마주한다. 이는 고전적 자연 회귀보다는 근대 이후 '주체 해체'를 실천하는 수행의 시학이다. '산은 말이 없지만/ 나는 그 침묵 속에서/ 가장 깊은 대답을 듣는다'는 마무리는 언어로 도달할 수 없는 진리, 즉 '무無의 언어'를 품는다. 이는 동양적 불이不二 사상과도 닿아 있다.

「바람도 머무는」은 장소성과 시간성을 모두 품은 시다. 도림사, 동악산, 원효, 도선, 사명대사 등, 시인은 시간의 층위를 따라 걷는다. 그리고 마침내 "잊고 있던 떨림 하나/ 살며시 되살아난다." 이는 단지 종교적 감흥이라기보다, 시간과 공간이 겹치는 지점에서 자신을 마주하는 깊은 자각이다. 그 안에선 과거와 현재, 인간과 자연, 물성과 정신이 하나가 된다. 바람조차 머물렀다는 시적 표현은, 이 공간이 '생명과 죽음, 유한성과 무한성'을 매개하는 존재의 경계임을 암시한다.

이 시편들은 한국 현대시의 자연 서정 전통을 잇는 동시에, 생태시적 감수성과 존재론적 통찰을 결합한다. 또한 동양적 선禪의 사유가 깊숙이 스며들어, 정적인 아름다움과 사색이 동반된다. 요컨대, 이 시편들은 시적 언어를 통해 자연과 인간, 타자와 자아, 존재와 시간의 관계를 촘촘히 직조한다. '너'라는 시적 대상은 계절처럼 변하지만, 그 속의 본질은 하나다. 삶을 안아주는 존재, 나를 깨닫게 하는 침묵, 그리고 다시 살아가게 하는 울림. 이러한 시적 여정은 단지 사계절을 통과하는 것이 아니라, '존재를 체험하는 사계'로, 우리를 데려간다.

3. 시간의 감응感應: 사랑, 그리움, 그리고 존재의 부재를 건너는 시적 성찰

이 시편들은 '사랑, 그리움 그리고 이별'이라는 정제된 감정 어휘 아래 삶의 보편적인 아픔과 아름다움을 담아내며, 내면을 탐색하는 섬세한 감응의 언어로 독자에게 다가온다. 이 시들 속에서 우리는 단순한 정서를 넘어서, 존재와 부재, 시간과 기억, 사랑의 본질에 대한 철학적인 응시를 마주하게 된다. 플라톤은 "사랑은 불완전함이 완전함을 그리워하는 본성이다"라고 말한 바 있다. 이 시편들은 그 '불완전함의 자각'에서 비롯된 사랑의 표정들을 다채롭게 보여준다. 사랑은 온전한 결합이 아니라, 늘 미끄러지는 그리움과 마주한 상태이며, 이별은 끝이 아닌 또 다른 방식의 지속이라는 사실을, 이 시들은 부드럽고도 단단한 언어로 증명한다.

「그대와 나」는 사랑의 부재와 그리움의 역설적인 온기를 시적 이미지로 형상화한다. 햇살처럼 닿고 싶지만 닿을 수 없는 간극은 단지 물리적 거리를 넘어서, 마음과 마음 사이의 비가시적 거리를 상징한다. 이 시에서 "그림자조차 떨구던／ 나와 그대"라는 구절은, 사랑이 단지 따뜻함과 기쁨의 감정이 아니라, 외면과 소멸의 경계에서 기인한다는 철학적 사유를 이끌어낸다. 그러나 마지막 연에서 "그는／ 내 지난한 삶을 붙든 이유요"라는 문장으로 회귀할 때, 우리는 사랑이란 결국 존재의 근거가 되는 어떤 '불완전한 구심력'임을 새삼 느끼게 된다.

「그리움이 피는 뜨락」에서는 시간과 기억이 사랑을 재구성하는 과정을 정교하게 풀어낸다. "문을 걸어 잠그고／ 긴 시간, 외면만 했지요"라는 고백 속엔 인간이 슬픔을 감당하지 못해 스스로 망각의 문을 닫는 심리학적 진실이 숨어있다. 그러나 라일락 향기를 매개로 기억이 부활하면서, '그리움'은 단순한 과거의 회상이 아니라 현재를 살게 하는 향기로 바뀐다. 이러한 감정의 전환은 시간에 대한 시인의 깊은 인식을 드러내며, 존재의 층위를 한껏 밀도 있게 확장시킨다.

「기다림」은 삶 속에서 사랑하는 존재를 상실한 자의 침묵과 체념, 그리고 그 뒤에 감춰진 절절한 사랑의 지속성을 짧고 강렬

한 이미지들로 표현한다. 식어가는 밥상과 육개장 위에 떨어지는 해 그림자는 사소한 일상적 풍경이지만, 여기서 "숟가락조차 들지 않는" 부재자는 단순히 돌아오지 않는 인물이 아니라, 생의 이면에 숨어있는 본질적 상실을 상징한다. 이 시는 하이데거적 '존재의 부재' 개념을 시로 풀어낸 것처럼, 삶의 모든 기다림이 결국은 끝내 도착하지 않는 어떤 존재를 향한 믿음임을 되새기게 한다.

「부치지 못한」은 말해지지 못한 사랑의 언어를 가을과 편지라는 은유로 포개며, 우리가 살아오면서 부치지 못한 마음들이 결국 우리 삶에 어떻게 남아있는지를 노래한다. "그대였던 시간에게"라는 시구는 매우 철학적인 전환을 담고 있는데, 이는 시적 '그대'가 단순한 인물이라기보다, 특정한 '시간 자체'로 존재화된 것이다. 여기서 사랑은 누군가에게 느끼는 감정이자, 지나간 시간 전체에 대한 애도의 방식이 된다.

「사모곡」은 가장 서정적인 형식 속에서 가장 보편적이고도 궁극적인 그리움을 담고 있다. 어머니에 대한 사랑은 어느 철학도, 어느 이론도 환원할 수 없는 생의 본질적인 유대감을 상기시킨다. "꽃보다 더 고운 울 어매는/ 그 봄을 따라/ 돌아오지를 않으시나—"라는 시구는, 죽음을 넘어선 존재의 부재 속에서도 사랑은 여전히 시인의 언어를 통해 살아 움직이고 있음을 보여준다. 여기에 나타나는 '징하게 이쁘다'와 같은 방언적 표현은 감정을 더욱 생생하고 인간적으로 끌어올리는 역할을 한다.

이 시편들은 낭만주의적 감수성과 후기 상징주의의 언어가 섬세하게 결합되어 있다. 특히 자연 이미지(햇살, 라일락, 가을잎, 꽃잎 등)를 통해 내면의 정서를 환기하는 기법은 전통적인 서정시의 흐름을 따르면서도, 감정의 진폭을 억제하고 상징적으로 변용하는 방식은 현대시의 정제된 미감을 따르고 있다. 특히 이 시편들은 오늘날 감정의 과잉과 언어의 소란 속에서 오히려 '조용한 시의 힘'을 증명한다. 여기에는 목소리를 높이기보다는, 잃어버린 것을 기억하고, 남겨진 자의 애도를 언어로 승화시키는 인간적인 깊이가 있다.

   사랑, 그리움, 그리고 이별은 누구에게나 닥쳐오는 삶의 정류장이다. 이 시들은 그 정류장 앞에 잠시 멈춰 선 사람들에게 조용히 말을 건다. 우리가 어딘가에서 부치지 못한 채 품고 있는 감정들이, 언젠가는 삶의 꽃밭이 되어 우리 안에서 피어난다고. 그리고 그 꽃밭 어귀에서, 우리는 다시 사랑을 배운다고.

4. 존재의 찬란한 되새김 – 덧없음 속에서 길어 올린 하루의 본질

"삶은 우리가 깨어 있음을 잊지 않게 해주는 작은 기적들의 연속이다." – 알베르 카뮈

   이 시편들은 삶의 찰나들 속에 깃든 감정과 의미, 그리고 그 모든 것을 감싸는 고요한 깨달음을 담아낸다. 시들은 하루의 여명을 맞이하는 감사의 마음에서 시작해, 시간과 세월의 심연을 건너며 자아의 변화, 관계의 풍경, 마지막에는 죽음 혹은 이별로의 승화에 이르기까지 내면의 서사를 이어간다. 이를 통해 우리는 일상의 한 조각조각이 단순한 시간이 아니라 '존재의 징표'임을 새삼 깨닫게 된다. 카뮈가 말했듯 "삶의 부조리 속에서도 우리는 이유를 모른 채 사랑하고 감탄하며 살아간다." 이 시편들은 바로 그런 비논리적이지만 진실한 삶의 감정을, 형이상학적 울림으로 끌어올린다.

「감사 2」는 하루라는 존재론적 단위를 섬세하게 직조해낸다. 새벽, 풀꽃, 새들의 인사, 바람과 햇살. 이 모든 자연적 이미지들

은 단순한 자연 현상을 넘어, '살아 있음' 그 자체에 대한 경외심을 환기시킨다. 이 시의 주체는 세상의 모든 움직임을 관찰자이자 수용자의 위치에서 받아들인다. "어제와는 또 다른 오늘을 다시 만날 수 있음에"라는 시구는 기적이란 거창한 사건이 아니라, 단지 '하루를 맞이하는 것' 자체에 내재되어 있음을 보여준다. 일상에 깃든 신성함이 '기적'의 정의를 새롭게 쓰는 순간이다.

「천천히 익어가는」은 노화老化를 감각적으로 사유한다. 주체는 외모와 육체의 변화 속에서 오히려 더 깊은 내면의 시선을 얻게 된다. 여기에서 중요한 전환은 "무엇을 말하지 않는지가 더 중요해진다"는 통찰이다. 이는 언어 이전의 정서적 직관, 타인의 감정에 대한 공감력, 내면화된 삶의 철학으로 이어진다. 이 시는 '자연주의'적 감각을 넘어 '현대 실존시'의 면모를 지닌다. 나이듦은 쇠퇴가 아닌, 존재의 '농축'이다. "사라지는 게 아니라 더 깊어지는 것"이라는 결론은 단순한 위로를 넘어, 성숙에 대한 철학적 수용의 선언이라 할 수 있다.

「다시 피어나는 나 – 마른 꽃잎차를 마시며」는 여성적 자아의 복원을 담은 대표적인 '은유의 시학'이다. 말라버린 꽃잎이 뜨거운 물에 피어나는 과정은 기억, 상처, 회복의 3단 구조로 작동한다. "잊혔다고 믿었던 색이 번지고/ 향기가 다시 방 안을 맴도는 순간"은 잃어버린 자아의 회복을 상징한다. 중요한 것은 "누구의 눈길 아닌/ 내 스스로의 온기로 피어나는"이다. 이 대목은 시인이 말하는 기적이 외부의 조건이나 타인의 인정을 통해서가 아니라, 스스로의 생명력과 자각에서 비롯된다는 점을 강하게 환기한다.

「어머니를 닮아가는 얼굴」은 개인의 시간과 세대 간의 연속성에 대해 사유한다. 화장은 단순히 외면을 꾸미는 행위가 아니라, 자신의 시간을 덧입히는 의례가 된다. "거울은 조용히 말한다/

그 모든 흔적이 너의 삶이라고"는, 시인이 고백하는 자기 존재의 흔적에 대한 수용이다. 여기서 '거울'은 이중적 상징이다. 현재의 나를 비추면서도 과거의 어머니를 떠오르게 한다. 세월이 비슷한 방식으로 각인을 남기며, 삶의 흔적이 얼굴이라는 캔버스 위에 차곡차곡 새겨진다. 이 시의 깊이는 "진짜 아름다움"이 무엇인지를 조용히 자문하고, 동시에 독자에게 던지는 질문이다.

「소풍의 끝에서」는 존재의 마지막 장면, 혹은 죽음을 은유한다. "국화향 머문 삼베옷"과 "고목 그늘 아래 긴 뿌리를 베고 누운 채"는 상징적으로 장례의 풍경이자 자연으로의 귀환을 떠올리게 한다. 하지만 이 시에서 죽음은 공포가 아니라 평온한 마무리다. "쇼팽의 선율처럼/ 누군가의 웃음이 들려오고/ 잠든 마음 끝자락이 살며시 깨어난다"는 구절은 삶의 끝에서조차 생이 품었던 모든 감각들을 애틋하게 회고한다. 이 시는 '삶은 하나의 소풍이며, 결국 자연의 품으로 되돌아가는 여정'이라는 동양적 사유와 닿아 있다.

각 시편은 개별적으로도 빛나지만, 전체적으로 연결되며 하나의 '존재 서사'를 완성한다. 하루의 여명에서 죽음의 들판에 이르기까지-이 시편들은 우리 모두가 걷는 길, 곧 '하루를 살아낸 자의 기적'에 대한 기록이다. 그 기적은 특별한 일이 아니다. 꽃이 피고 지고, 누군가 미소 짓고, 밥을 씹고, 거울을 들여다보는 바로 그 순간들 속에서 기적은 이미 일어나고 있는 것이기 때문이다.

조지영 시인의 시집 『내 안에서 자란 기도』에 드러난 메시지를 요약하면 다음과 같다.

첫째, 존재 수용의 윤리이다. 시인은 돌봄의 경험을 넘어, '기도'라는 언어를 통해 타자의 고통을 감싸며 존재를 긍정한다.

둘째, 자연과 순환의 존재론이다. 자연과의 만남 속에서 자아는 관계적 존재로 정화되며, 계절과 사물은 모두 시적 타자가 된다. 셋째, 시간과 부재의 시학이다. 사랑, 이별, 상실을 다룬 시들에서는 부재를 단지 슬픔이 아닌 지속적 존재로 바라보며, 그리움과 기억을 통해 시간을 재구성한다. 조지영의 시세계는 단절이 아닌 순환과 재생의 흐름 속에서, 존재의 진실을 조용히 증언하는 윤리적 사유로 연결된다.

조지영의 시집은 한국 현대시에서 드물게 '기도'와 '돌봄'을 중심축으로 인간 존재와 윤리를 사유한 작품이다. 특히 여성 시인이 모성 경험을 단순한 희생이 아닌 철학적 수용과 윤리의 언어로 형상화한 점에서, 시적 주체성의 확장을 보여준다. 아울러, 생태적 감수성과 동양적 사유가 결합된 이 시집은, 감정의 절제와 사유의 깊이 면에서 현대 서정시의 한 흐름을 새롭게 계승하고 있다.

조지영 시의 조용한 힘은 언어의 절제와 감정의 깊이에서 비롯된다. 향후, 일상의 미시적 감각을 포함해 사회적, 생태적 타자에 대한 윤리적 응답까지 시적 세계를 확장해가면서 더 깊고 넓은 울림을 독자들에게 전할 것으로 기대한다. '기도'와 '존재'라는 핵심 주제를 유지하면서도 더 다양한 화자와 시적 구조를 실험함으로써 그녀만의 윤리적 서정성을 한층 확장해 나갈 가능성이 매우 크다. 침묵 속에서 울리는 그녀의 시적인 힘이 우리에게 여전히 큰 기대를 품게 하기 때문이다.

그림과책 시선 342

내 안에서 자란 기도

초판 1쇄 발행일 _ 2025년 10월 1일

지은이 _ 조지영
펴낸이 _ 손근호

펴낸곳 _ 도서출판 그림과책
출판등록 2003년 5월 12일 제300-2003-87호

03924 서울특별시 마포구 월드컵북로54길 17 821호
      (상암동, 사보이시티디엠씨)
          도서출판 그림과책
전화 (02)720-9875, 2987 _ 팩스 (02)720-4389
도서출판 그림과책 homepage _ www.sisamundan.co.kr
후원 _ 월간 시사문단(www.sisamundan.co.kr)
E-mail _ munhak@sisamundan.co.kr

ISBN 979-11-93560-49-5(03810)

값 12,000원

이 책의 판권은 지은이와 그림과책에 있습니다.
잘못된 책은 교환해 드립니다.